JN422916

AI와 광고 환경의 변화

인공지능총서

인공지능 시대입니다. 기계가 인간의 인지를 대신하고, 사물이 인간을 통하지 않고 다른 사물과 직접 커뮤니케이션합니다. 이에 따른 인간 삶과 문명 변화를 정확히 이해·예측·대응하는 것은 이 시대 우리 모두의 과제입니다. 인공지능총서는 인공지능 기술과 환경의 여러 주제를 10가지 키워드로 정리합니다. 관련 개념과 이론, 학계와 산업계의 쟁점, 우리 일상의 변화를 다룹니다. 인간과 기술의 현재, 미래를 세심히 분석합니다.

일러두기

- 인명, 작품명, 저서명, 개념어 등은 한글과 함께 괄호 안에 해당 국가의 원어를 병기했습니다.
- 외래어 표기는 현행 어문규정의 외래어표기법을 따랐습니다. 다만 솔루션, 팔로어 등은 관행을 따랐습니다.

처음이세요?

전문가세요?

지금, 큐알 찍으면

- AI 입문서 바로 선물
- 당신만의 필독서 추천
- 500권 요약본 공짜
- 오디오북 무료 사용

AI와 광고 환경의 변화

변혜민

대한민국, 서울, 커뮤니케이션북스, 2025

AI와 광고 환경의 변화

지은이 변혜민
펴낸이 박영률

초판 1쇄 펴낸날 2025년 7월 31일

커뮤니케이션북스(주)
출판 등록 2007년 8월 17일 제313-2007-000166호
02880 서울시 성북구 성북로 5-11
전화(02) 7474 001, 팩스(02) 736 5047
commbooks@commbooks.com
www.commbooks.com

이 책은 커뮤니케이션북스(주)가 저작권자와 계약해 발행했습니다.
본사의 서면 허락 없이는 어떠한 형태나 수단으로도
이 책의 내용을 이용할 수 없음을 알려드립니다.

© 변혜민, 2025

ISBN 979-11-430-0659-2 03500

책값은 뒤표지에 표시되어 있습니다.

차례

AI 도입과 활용으로 변화하는 광고 환경

광고 속으로 들어온 AI

AI는 더 이상 공상과학 영화 속 기술이 아니다. 스마트폰에서 음성 비서를 호출하고, 집안 조명을 자동으로 조절하며, 음식 주문도 AI 챗봇을 통해 해결하는 세상이 됐다. 과거엔 기술을 '사용한다'는 느낌이 강했다면, 이제는 기술이 인간의 일상에 깊이 스며들며 '함께 살아간다'는 존재로 자리 잡았다. 광고 역시 이 흐름 속에서 큰 변화를 겪고 있다.

광고의 본질은 언제나 '사람을 이해하고 설득하는 것'이었다. 과거에는 시장 조사, 타깃층 분석, 크리에이티브 전략 등 모든 과정이 사람의 손과 감각에 의존했다. 하지만 이제는 광고를 둘러싼 수많은 데이터가 실시간으로 축적되고, AI는 이를 분석해 '누가 무엇을 원하는가'를 빠르고 정확하게 판단한다. 플랫폼 알고리즘은 사용자 개인의 검색 기록, 소비 패턴, 관심 주제 등을 바탕으로 맞춤형 광고를 제안하고, 이는 다시 소비자의 반응을 통해 학습된다.

광고 제작 방식도 바뀌었다. 과거에는 광고인이 직접 콘티를 짜고, 모델을 섭외해 촬영하고 편집하는 과정이 필요했지만, 이제는 AI가 시나리오를 쓰고, 이미지와 영상을 직접 생성한다. 사람의 역할은 이 결과물을 검토하고, 적절히 조정하는 쪽으로 옮겨 가고 있다. 이러한 변화는 단순히 효율성 차원의 문제가 아니다. AI가 만든 콘텐츠는 사람의 창의력을 자극하고, 새로운 시각을 제공하기도 한다.

광고가 수용자에게 도달하는 경로도 더 세분화됐다. 과거처럼 TV나 라디오 등 몇 개의 주요 매체만을 통해 일방적으로 노출되는 것이 아니라, 유튜브의 추천 영상, 사회관계망서비스(SNS, Social Network Service)의 피드, 스트리밍 서비스의 전환 광고처럼 다양한 채널에서 AI가 '언제', '어디서' 보여 줄지를 정교하게 반영한다. 사용자의 관심이 흐르는 맥락을 파악해 광고가 자연스럽게 등장하게 된 것이다.

더 흥미로운 점은, AI 기술이 단순히 '효율적인 타기팅'에서 그치지 않고, '콘텐츠 자체'를 구성하기 시작했다는 점이다. AI는 이제 광고 이미지나 영상을 만들어 낼 뿐 아니라, 감정을 읽고 반영하는 단계까지 진입하고 있다. 얼굴 표정, 목소리 톤, 문장의 어조까지 조정하며, 소비자가 어떤 감정을 느끼게 될지를 설계한다.

이러한 흐름은 기존의 광고 구조를 흔들고 있다. 광고인은 더 이상 광고의 전 과정을 직접 만드는 제작자가 아니라, AI가 제안한 콘텐츠를 조율하고 맥락화하는 큐레이터에 가깝다. 수많은 아이디어와 데이터 속에서 의미 있는 조합을 고르고, 브랜드가 전하려는 메시지와 일치시키는 '해석자'의 역할이 중요해지고 있다.

물론 AI가 광고를 만드는 모든 과정에 관여한다고 해서 인간의 역할이 사라진 것은 아니다. 오히려 AI는 반복적이고 계산 중심의 업무를 줄여 줌으로써, 사람에게 창의적 판단과 전략적 통찰의 여지를 더 넓혀 주고 있다. AI가 무한한 조합을 제안하고, 사람은 그 안에서 어떤 메시지가 진정성 있고 설득력 있는지를 판단한다.

광고가 AI와 공존하면서 생기는 가장 큰 변화는 바로 '속도'와 '적응력'이다. 과거에는 한 번 만든 광고를 몇 주 또는 몇 달 간 집행했지만, 이제는 그 반응에 따라 하루 단위로 수정되고, 새로운 버전이 생성된다. 수용자의 반응은 실시간으로 수집되며, AI는 그 데이터를 통해 다음 광고의 전략을 추천한다. 이는 광고 전반의 효율화과 생산성을 개선한다.

결국 AI가 광고에 들어오면서 바뀐 것은 광고 자체만

이 아니라 광고를 둘러싼 모든 구조다. 만드는 방식, 전달되는 방식, 소비되는 방식, 분석되고 다시 재생산되는 방식까지, 우리는 지금 광고가 기술에 의해 다시 쓰이고 있는 시대를 통과하고 있다.

새로운 광고 문화를 구성하는 AI

AI가 광고의 구조를 바꾸는 지금, 더 큰 질문들이 떠오를 수밖에 없다. '사람이 만든 광고'와 '기계가 만든 광고'는 어떤 차이가 있을까? 광고의 창의성은 여전히 인간의 고유 영역일까? 아니면 창의성조차 계산 가능한 데이터의 일부가 되는 걸까?

이 책은 단순한 매뉴얼이 아니다. AI가 바꿔 놓은 광고 현실을 통해, 우리가 무엇을 놓치고 있고, 무엇을 지켜야 할지를 함께 고민하는 책이다. 광고가 일상 속 깊숙이 들어온 지금, 그 변화는 단지 광고인만의 일이 아니다. 모두가 광고를 보고, 공유하고, 영향을 받는 시대다. 광고는 우리의 문화이자 감정이자 일상의 일부다.

그렇기에 AI 광고는 윤리적 고민을 피할 수 없다. AI가 생성한 얼굴과 목소리는 누구의 소유인가? 알고리즘은 어떤 기준으로 광고 대상을 선정하고, 그 과정에서 어떤 편향을 재생산할 수 있는가? 소비자가 '자신이 원한다고 믿는 것'이 과연 본인의 진짜 선택인지, 아니면 AI가 설계한 시나리오 속 하나의 반응일 뿐인지 묻게 된다.

또한 AI가 광고를 대신 만들고 분석하는 구조에서 광고의 책임은 누구에게 있는가? 부정확하거나 유해한 정보가 담긴 광고를 AI가 만들어 냈을 때, 그 결과에 책임지는 주체는 누구인가? 기술의 진보는 새로운 책임의 구조를 필요로 하며, 인간의 판단은 여전히 그 중심이어야 한다.

AI는 매우 강력한 도구다. 그럼에도 광고는 여전히 사람을 향해 있다. 누군가를 설득하고, 공감시키고, 때로는 웃기고 울리는 광고의 본질은 인간 감정의 작동에 있다. AI는 그 감정을 모방할 수 있지만, 진짜로 느끼지는 못한다. 그렇기에 광고가 기술 중심으로만 흐르지 않도록 조율하는 역할은 결국 사람의 몫이다.

이 책은 단순히 기술 발전의 결과를 나열하지 않는다. AI 기술을 통해 우리가 얻는 것과 잃는 것이 무엇인지 묻는다. 그 변화 속에서 우리는 어떤 관점으로 광고를 바라봐야 하는지를 고민한다. 광고는 더 이상 '보는 것'이 아니라, '구성하고 반응하는 공간'이 되었고, AI는 그 공간을 유연하게 만든다.

AI 광고는 인간과 기술이 함께 만든 결과물이다. 그

안에서 인간이 놓치지 말아야 할 감각과 기준이 무엇인지, 이 책은 끝까지 질문을 놓지 않는다. 광고는 언제나 사회를 비추는 거울이었다. 이제 그 거울은 데이터와 알고리즘으로 만들어졌고, 우리는 그 속에서 자신의 얼굴을 새롭게 마주하고 있다.

01
일상에 녹아든 AI

불과 얼마 전 'AI'라는 단어 자체가 낯설고 어색했지만 이제는 모두가 일상의 다양한 영역에서 자연스럽게 AI를 활용하고 있다. AI는 더 이상 먼 미래의 기술이 아니라 우리가 매일 사용하는 기기와 서비스에 깊숙이 적용되어, 우리의 삶을 보다 편리하고 효율적으로 만들고 있다. 어느새 우리는 AI와 함께 살아가는 데 익숙해지고 있으며, AI는 우리 환경 속에 다양한 형태로 스며들고 있다.

AI와 1인 창업?

어색했던 AI, 익숙해진 AI

이제 우리는 AI를 사용하는 것에 어색함을 느끼지 않는다. 스마트폰, 스마트워치, 키오스크 등 다양한 기기를 통해 AI에 노출되고 있으며, 그 편리함에 익숙해져 가고 있다. 어느 순간부터 AI는 낯선 기술이 아니라 생활의 일부가 되었고, AI 없는 일상을 상상하기 힘든 시대가 다가오고 있다.

이러한 변화는 기존의 국가 조사 방식에도 영향을 미쳤다. 매년 인터넷 이용 환경과 이용 행태를 조사하는 '인터넷이용실태조사'는 2024년부터 AI 서비스에 대한 이용 실태를 별도로 조사하기 시작했다. 국가 통계는 일반적으로 항목을 자주 변경하지 않지만, AI 관련 조사 항목이 포함된 것은 AI가 특정 직무나 전문가 집단에 국한된 기술이 아니라 일반 대중의 생활 전반에 걸쳐 널리 확산되었음을 의미하는 변화다(과학기술정보통신부, 2025; 박수빈, 2025).

실제로 AI에 대한 세대 간 경험 격차도 분명하게 드러난다. 전체 인공지능 서비스 경험률은 60.3%였지만, 60대는 43.5%, 70대 이상은 28.6%에 그쳤다. 반면 20대와 30대는 각각 71.2%, 71.6%로 평균을 크게 웃돌았다(과학기술정보통신부, 2025). 노년층에게 AI는 여전히 새로움과 배움의 영역이며, 익숙해지기까지 높은 진입 장벽을 요구한다.

키오스크 도입 초기, 노년층은 기계 화면에 익숙하지 않아 주문에 어려움을 겪었고, 이로 인해 매장을 기피하거나, 뒤에 기다리는 사람들의 눈치를 보는 일이 잦았다. 특히 일부 매장은 효율성이라는 이유로 직원 주문을 축소해, 노년층이 서비스에서 소외되는 문제를 낳기도 했다(서울디지털재단, 2024). 이러한 문제를 해결하기 위해 키오스크 보조 인력 배치 의무화, 노년층 대상 AI 교육, 독거노인을 위한 AI 돌봄 서비스 등이 도입되고 있다. 그 결과 인공지능 서비스 이용 경험률은 뚜렷한 증가세를 보이고 있다. 예컨대 70대 이상 이용률은 2023년 11.9%에서 2024년 28.6%로 두 배 이상 증가했다(과학기술정보통신부, 2025).

이러한 변화는 단지 기술 습득의 문제가 아니라, 지금이 디지털 시민으로서 사회 참여를 위한 중요한 전환점이자, AI가 모든 이에게 익숙한 기술이 되고 있음을 보여준다.

일상에서 마주하는 AI

AI는 이제 주거, 교통, 건강, 교육 등 일상의 거의 모든 영역에서 활용되고 있다. 초기에는 생활 편의성 향상을 위한 보조 기술로 도입되었지만, 이제는 정보 탐색과 판단, 개인화된 서비스 제공을 위한 핵심 도구로 진화하고 있다(신종훈, 2021).

스마트홈 시스템은 대표적인 AI 기반 주거 서비스다. 사용자의 생활 패턴을 학습한 AI가 조명, 냉난방, 보안을 자동 제어하고, 음성 인식 AI는 날씨, 미세먼지, 일정 확인 등의 기능을 수행한다. 청소기나 냉장고처럼 AI가 내장된 가전은 원격 제어는 물론, 식재료를 분석해 요리법을 추천하는 기능까지 탑재하고 있다.

정보 수집 및 건강 관리 영역에서도 AI는 두드러진 존재감을 보인다. 스마트워치는 수면, 심박 수, 운동량 등 다양한 생체 데이터를 실시간 분석하고, AI는 이를 기반으로 질병 예방 및 건강 관리 가이드를 제공한다. 의료 현장에서는 AI가 환자의 병력, 검사 결과, 생활 습관 등을 통합 분석해 진단을 보조하며, 이는 의료 서비스의 정밀도와 효율성을 높인다. 하지만 의료 분야에서 AI의 활용은 생명과 직결되기 때문에, 기술적 정밀도뿐 아니라 법적 책임, 윤리적 기준 마련이 선결 과제로 떠오르고 있다.

실제로 AI 기술이 삶에 주는 편의성은 수치로도 확인

된다. '일상생활에서 AI 서비스가 필요한가'라는 질문에 '주거 편의'를 꼽은 응답자가 78.2%로 가장 높게 나타났다(과학기술정보통신부, 2025). 앞으로 새로운 주거 공간을 설계할 때 AI 홈 시스템을 포함하는 것은 기본 전제가 될 것이다. 이는 단순한 트렌드에 그치지 않고, 필수 기반 시설로 자리 잡고 있다.

AI는 이제 생활 환경의 일부이며, 점차 사람과 기술이 상호작용하는 구조 속에서 '함께 살아가는 존재'로 인식되고 있다. 그만큼 AI에 대한 기술적 이해뿐 아니라 인간 중심의 설계와 활용 방안에 대한 고민이 필요하다. 기술의 진보는 불가피한 흐름이지만 그 안에서 사회적 포용성과 윤리적 통제가 동반되지 않는다면 새로운 격차와 배제의 문제가 발생할 수 있다.

참고문헌

과학기술정보통신부(2025.3.31). 2024 인터넷이용 실태조사. 한국지능정보사회진흥원, https://nia.or.kr/site/nia_kor/ex/bbs/View.do?cbIdx=99870&bcIdx=27869&parentSeq=27869

박수빈(2025.3.30). 지난해 국민 33%가 생성 AI 경험… 1년 새 2배로 늘어. AI타임스, https://www.aitimes.com/news/articleView.html?idxno=169207

서울디지털재단(2024.6.12). 2023년 서울시민 디지털역량 실태조사 주요결과,
https://smart.seoul.go.kr/board/41/22823/board_view.do
신종훈(2021.11). 일상 속 IoT(Internet Of Things) 활용과 남겨진 과제. ICT Insight, 70,
https://www.kca.kr/hot_clips/vol70/sub01.html?lang=ko%27]

02
누구나 쉽게 활용하는 AI

AI는 어느새 우리의 일상에 자연스럽게 자리 잡아 보다 편안하고 효율적인 삶을 가능하게 하고 있다. AI가 단순히 생활의 편의를 높이는 것을 넘어, 우리는 AI를 통해 필요한 정보를 찾고 새로운 지식을 습득하는 데에도 익숙해지고 있다. 이처럼 다양한 분야에서 AI 활용이 빠르게 확산되고 있는 현상은 AI가 특정 계층이나 전문가만의 도구가 아닌 누구나 쉽게 접근하고 사용할 수 있는 보편적 기술로 자리 잡을 수 있음을 시사한다.

AI와 MBTI?

교육과 함께 진화하는 AI

AI는 교육 환경에서도 빠르게 자리를 잡고 있다. 필요한 정보를 쉽고 빠르게 찾아 줄 뿐 아니라, 그 정보를 정리하고 분석하는 역할까지 수행한다. 개인 맞춤형 콘텐츠를 추천해 학습의 효과를 높이고, 학습자의 수준과 필요에 따라 조정된 교육 서비스를 제공한다. 특히 챗GPT를 비롯한 생성형 AI 기술은 이러한 변화의 중심에 있다(김용성, 2024).

과거에는 과제를 위해 포털에 키워드를 입력하고, 수많은 자료를 일일이 찾아 정리하는 과정이 학생의 몫이었다. 그러나 이제는 학생들이 AI를 활용해 과제에 필요한 정보를 더 빠르고 효율적으로 확보할 수 있게 되었다. 챗GPT 같은 AI는 질문에 대한 요약된 답변 제공뿐만 아니라, 맥락을 반영한 자료 분석과 정리도 가능하다.

물론 이러한 변화에 대해 교육 수준이 낮아질 수 있다는 우려도 있다. AI의 도움을 받는 학습이 과연 자기 주도적인 학습 능력을 키울 수 있는가에 대한 의문은 여전히 존재한다. 그럼에도 방대한 자료를 압축적으로 수집하고 핵심 내용을 도출하는 능력은 AI를 활용한 교육의 명확한 장점으로 평가된다.

AI는 단순한 정보 검색을 넘어, 개인의 학습 이력을 바탕으로 학습 계획을 세우고 콘텐츠를 추천하는 데까지 확장되고 있다. 예를 들어, 학습자의 약점을 진단하고 이를 보완할 수 있는 콘텐츠를 제시하거나, 일정에 따라 자동으로 학습 알림을 보내는 기능도 가능하다. 과거에는 사람이 일일이 챙겨야 했던 부분을 AI가 분석하고 자동화하고 있는 셈이다.

교육 콘텐츠의 전달 방식도 변화하고 있다. 오프라인 중심의 전통적 교육에서 온라인 기반 학습으로 전환된 데 이어, 이제는 AI를 통해 학습 콘텐츠의 설계와 추천이 이뤄지고 있다. 젊은 세대는 이 같은 방식에 익숙하며, 학습 도구로서의 AI에 대한 접근성과 활용도가 높은 편이다. AI 기반 학습 플랫폼은 단순한 편의 제공을 넘어, 학습 동기와 자기 주도성 향상에도 긍정적인 영향을 줄 수 있다.

AI 번역 기능의 향상은 교육의 또 다른 축을 이룬다. 과거에는 별도의 앱을 설치해야 했고, 번역의 정확도도 떨어졌지만, 지금은 모바일 자체 기능만으로도 고성능 번역이 가능하다. 예를 들어, 삼성 갤럭시는 20개 언어에 대한 실시간 번역 기능을 제공하며, 일상적인 상황에서도 손쉽게 사용할 수 있다(삼성전자서비스, 2024). 또한 딥엘(DeepL), 티로(Tiro), 챗GPT 같은 웹 기반 번역

서비스는 기존의 구글 번역이나 네이버 파파고보다 문맥을 더 정확히 반영하며, 고급 수준의 번역을 가능하게 하고 있다. 이러한 기술의 발전은 번역 비용 절감은 물론, 외국어 학습 보조, 해외 교육 자료 접근성 확대 등 교육 전반에 걸쳐 AI 번역 기술의 적용 가능성을 넓히고 있다.

AI 번역은 단지 교육이나 업무에만 국한되지 않는다. 여행, 국제 교류, 온라인 쇼핑 등 일상 전반에서 활용되며, 다양한 연령층이 손쉽게 접근할 수 있는 기술로 자리잡고 있다. 특히 다문화 사회나 이주자 교육 측면에서 AI 번역은 실질적인 언어 장벽 해소 수단으로 작용한다.

쇼핑과 함께 진화하는 AI

온라인 쇼핑 환경에서 AI는 다양한 방식으로 소비자의 구매 경험을 변화시키고 있다. 그중에서도 AI 기반 챗봇은 사용자와의 소통에서 핵심 역할을 맡고 있다. 챗봇은 사람과 유사한 방식으로 대화할 수 있는 프로그램으로, 현재 대부분의 쇼핑 플랫폼은 이를 통해 소비자의 질문에 응답하고, 제품 추천, 배송 확인, 반품 요청 등 다양한 업무를 수행하고 있다.

챗봇의 도입은 단지 편의성을 높이는 데 그치지 않는

다. 고객 관리 솔루션 기업 '세일즈포스(Salesforce)'는 AI와 챗봇 에이전트를 통해 제품을 추천하고, 개인화된 주문을 지원함으로써 고객의 쇼핑 경험을 개선하고, 실제 구매에도 긍정적인 영향을 미쳤다고 밝혔다. 이 보고서에 따르면, 온라인 주문의 약 19%가 챗봇의 영향으로 이뤄졌으며, 챗봇 이용 빈도도 꾸준히 증가하는 추세라고 한다(AI타임스, 2025.1.8).

예전에는 고객이 필요한 정보를 얻기 위해 콜센터에 전화를 걸고 상담원과 직접 통화해야 했다면, 이제는 챗봇을 통해 24시간 언제든지 원하는 정보를 손쉽게 찾을 수 있게 되었다. 특히 챗봇이 사용자에게 맞춤형 제품을 추천하고 구매까지 유도하는 기능은, 고객의 챗봇 의존도가 점점 높아지고 있음을 시사한다. 기업 입장에서도 이러한 기술은 더 빠르고 효율적인 고객 응대를 가능하게 하며, 이를 통해 운영비 절감 효과까지 기대할 수 있다.

또 챗봇은 쇼핑을 넘어 교육, 금융, 공공 등 다양한 분야로 확산되고 있다. 특히 고객 서비스(CS)의 비중이 큰 유통업계에서는 반복적인 요청 대응과 24시간 운영이라는 장점을 바탕으로 활용도가 더욱 높다. 누구나 쉽게 챗봇을 통해 궁금한 점을 묻고, 그에 대한 답을 실시간으로 받을 수 있다는 점은 기술 친숙도가 낮은 고령층에게도 AI 활용에 대한 진입 장벽을 낮추는 계기가 되고 있다.

AI는 단지 챗봇에 머무르지 않는다. 오늘날의 온라인 쇼핑은 AI를 통해 상품 추천, 이미지 기반 검색, 가격 조정, 수요 예측 등 다양한 기술이 결합된 복합적 환경으로 진화하고 있다. 우선, 맞춤형 추천 시스템은 사용자 행동 데이터를 기반으로 가장 적합한 상품을 자동으로 제시한다. 클릭 기록, 구매 이력, 검색어 등을 AI가 분석해, 개인화된 쇼핑 경험을 가능하게 한다. 이는 구매 전환율을 높이고 사용자 만족도를 향상하는 핵심 도구가 되고 있다.

또한 이미지 인식 기반 비주얼 서치 기능은, 사진이나 이미지로 유사한 제품을 검색할 수 있게 한다. 네이버의 '스마트렌즈', 아마존의 '스타일스냅' 등이 대표적인 예로, 사용자는 단어로 설명하기 어려운 스타일이나 색상을 이미지로 표현해 원하는 상품을 찾을 수 있다.

동적 가격 전략 역시 AI의 주요 기능 중 하나다. 시간, 수요, 경쟁사 가격 등을 실시간으로 반영해 가격을 자동 조정함으로써, 판매 효율을 극대화한다. 더불어 날씨, 트렌드, 지역별 판매량 등 다양한 요소를 종합해 수요 예측을 가능하게 하며, 이는 재고 관리와 물류 운영의 효율성을 높이는 데에도 활용된다.

금융과 함께 진화하는 AI

금융 분야에서도 AI의 활용이 빠르게 확산되고 있다. 고객이 필요한 금융 상품을 AI가 분석한 데이터를 기반으로 추천하거나, 맞춤형 금융 서비스를 제공하는 사례가 점점 늘어나고 있다(삼정 KPMG 경제연구원, 2024.5). 이는 단순한 서비스 자동화를 넘어, 고객 경험 향상과 비용 절감, 효율적인 리스크 관리라는 측면에서 금융사들에게 실질적인 이점을 제공하고 있다.

이미 많은 금융 기관들은 자체적인 AI 솔루션을 도입해 운영 중이다. 특히 고객 응대 측면에서는 콜센터 중심의 일방적 대응에서 벗어나, 콘택트 센터, 시나리오 봇, AI 챗봇으로의 전환이 활발하게 이뤄지고 있다. 이들 시스템은 고객의 질문을 이해하고, 상황에 맞는 최적의 답변을 제공하는 등 보다 유연하고 정교한 대응이 가능하다. 이는 고객 응대의 효율성과 만족도를 동시에 높일 수 있는 대안으로 떠오르고 있다.

또한 AI는 단순히 반복 업무를 대체하는 것을 넘어, 금융 데이터의 패턴을 분석해 이상 거래를 탐지하거나, 개인의 소비 습관을 기반으로 지출 패턴을 예측하는 등 고도화된 금융 의사 결정 지원에도 활용되고 있다. 예를 들어, 신용 평가, 보험 심사, 투자 포트폴리오 구성 등에서도 AI의 알고리즘은 중요한 판단 기준으로 작동하며, 인간 전문가의 결정을 보조하거나 대체하고 있다.

이처럼 금융을 포함한 다양한 분야에서 AI의 도입이 확대되고 있다는 점은, AI가 특정 분야나 계층의 전유물이 아닌 누구나 활용할 수 있는 보편적 도구로 자리매김하고 있음을 보여 준다. 교육, 문화, 금융뿐 아니라 복지, 행정, 공공 서비스 분야에서도 AI의 영향력은 점차 확대되고 있다. 특히 주거, 의식주, 정보 접근, 이동 등 생활의 거의 모든 요소에서 우리는 AI와 상호작용하고 있으며, AI 없는 일상을 상상하기 어려운 시대를 향해 나아가고 있다. AI는 더 이상 특정 기술 집단의 영역이 아니라 사회 전반에 걸쳐 통합되는 디지털 인프라로 기능하고 있는 것이다.

중요한 것은 이러한 AI 환경이 일부 계층에 국한되지 않고 전 세대와 다양한 사회 집단이 함께 접근하고 활용할 수 있도록 설계되어야 한다는 점이다. 디지털 격차는 새로운 불평등으로 이어질 수 있으며, AI 시대의 공정성과 포용성을 확보하는 것이 기술 발전 못지않게 중요하다. 우리는 지금 AI와 함께 살아가는 'AI 시대의 시민'으로 자리 잡고 있다. AI는 삶의 질을 높이는 기술인 동시에 우리가 만들어 가야 할 또 하나의 사회 시스템이다.

참고문헌

김용성(2024.3). 생성형 AI는 교육을 어떻게 바꿀까?. ≪기술과 혁신≫, 464, http://webzine.koita.or.kr/202403-specialissue/%EC%83%9D%EC%84%B1%ED%98%95-AI%EB%8A%94-%EA%B5%90%EC%9C%A1%EC%9D%84-%EC%96%B4%EB%96%BB%EA%B2%8C-%EB%B0%94%EA%BF%80%EA%B9%8C

삼성전자서비스(2024.7.11). 갤럭시 AI, 통역 앱을 설정하고 사용하는 방법을 알아보세요, https://www.samsungsvc.co.kr/solution/1855192

삼정 KPMG 경제연구원(2024.5). "혁신의 부스터 AI에 물드는 금융", https://assets.kpmg.com/content/dam/kpmg/kr/pdf/2024/business-focus/kpmg-korea-bf-AI-in-financial-services-20240520.pdf

AI타임스(2025.1.8). AI 챗봇이 연말 쇼핑 매출 19%에 영향… 세일즈포스가 발표한 첫 데이터, https://www.aitimes.com/news/articleView.html?idxno=166894

03
산업 전반에 영향을 미치는 AI

AI는 제조, 교육, 의료, 통신 등 다양한 산업에 빠르게 도입되고 있다. 아직 일부 산업에서는 AI 활용이 제한적이거나, 기대만큼의 성과가 나타나지 않은 사례도 있지만 AI는 지금도 발전 중이며, 도입 속도와 활용 범위는 계속 확장되고 있다. 중요한 것은 AI가 단순한 기술이 아니라 산업 전반의 구조와 방식을 변화시키는 흐름이라는 점이다.

AI와 난임 극복?

산업 확장성과 가능성을 보여 주는 AI

현재 AI가 모든 산업에서 활발하게 활용되고 있는 것은 아니다. 하지만 업무 효율화, 신규 사업 개발, 서비스 창출 등에서 AI가 실질적으로 기여하고 있다는 점은 누구도 부정하기 어렵다.

한 조사에 따르면, 생성형 AI의 도입은 실제 성과로 이어질 수 있으나, 그 영향력은 산업별 특성이나 기업의 역량 및 인프라에 따라 상이하다고 분석되었다(삼일회계법인, 2024). 특히 기술 산업군에서는 개발 비용 절감과 함께 이윤 개선에 실질적인 효과를 보이며, 기업 성장에 중요한 요소로 작용하고 있다. AI는 이제 단순한 보조 기술을 넘어, 기업의 핵심 경쟁력이자 전략적 자산으로 떠오르고 있다. 특히 제조, 의료, 유통/물류, 엔터테인먼트/미디어, 법률, 금융, 교육 등 다양한 분야에서 AI의 적용은 빠르게 확산 중이다.

초기에는 AI 기술을 공급하는 기술 제공자가 시장을 주도했다면, 지금은 AI를 내재화해 비즈니스 경쟁력을 확보하려는 수요자 중심으로 시장 구조가 바뀌고 있다. 이는 단순한 기술 도입에서 벗어나, 기업 내부에서 AI 모델을 직접 개발하고, 이를 실질적인 서비스와 운영 시스템에 통합하려는 움직임으로 나타난다. 예를 들어, 유통업에서는 고객 맞춤형 추천 시스템이나 수요 예측 기능을 자체적으로 고도화하고 있고, 금융업에서는 고객 리스크 분석과 이상 거래 탐지 등에 AI가 통합되는 추세다.

아직 AI의 범용적인 활용은 초기 단계에 머물고 있지만, 기술 발전 속도와 적용 영역의 확장성을 고려할 때, 그 가능성은 매우 크다. 산업 전반의 디지털 전환 흐름과 맞물려, AI는 향후 보다 정교하고 통합된 방식으로 산업 생태계를 바꿔 갈 핵심 동력이 될 것으로 전망된다.

제조 산업에서 AI의 모습

제조 산업은 AI를 가장 빠르게 도입한 산업 중 하나다. AI는 이 분야에서 생산 공정의 효율을 높이고 품질 관리를 강화하는 역할을 중심으로 적극 활용되고 있다. 가장 기본적인 예로는 결함 자동 감지, 예측 분석, 실시간 모니터링 등이 있으며, 전체 제조 공정을 최적화해 생산성과 품질을 동시에 끌어올리는 데 기여하고 있다(KT Enterprise, 2024.5.17).

제조 현장에서 AI는 불량품을 자동으로 검출하고, 이를 바탕으로 불량 원인을 추적 및 분석해 개선책을 도출한다. 이는 과거 수작업이나 단순 자동화 시스템으로는 어려웠던 부분을 정밀하게 해결하는 방식이다. 또한 공장 전반에서 수집된 데이터를 분석해 수요를 예측하고, 제품 교체나 유지 보수가 필요한 시점을 미리 알려 주는 예측 유지 보수 기능도 강화되고 있다. 이를 통해 불시의 기계 고장을 줄이고 운영 안정성을 높이는 효과를 기대할 수 있다.

AI는 기계 자동화를 지원해 반복 작업에서 인력 투입을 최소화한다. 문제가 발생했을 때도 즉각 인식하고 적절하게 대응하는 등, 현장 판단력을 일정 부분 대체할 수 있을 만큼 정교해졌다. 공정 전반의 최적화를 통해 공장 운영은 데이터 기반으로 실시간 조정되고, 오류 발생 가능성을 줄여 품질과 효율성을 동시에 확보하게 된다. 이로 인해 유지 보수에 드는 비용까지 절감되는 선순환이 형성된다.

제조 분야에서 AI가 주는 효과는 세 가지로 요약할 수 있다. 먼저, 생산성 향상이다. 공정 최적화와 자동화를 통해 생산성을 극대화한다. 이는 제조 산업에서 가장 중요하게 여겨지는 경쟁 요소 중 하나다. 다음으로, 비용 절감이다. 오류 발생을 최소화하고, 불필요한 자원 낭비를 줄이며, 유지 보수 및 인력 운영 비용을 낮춘다. 마지막으로, 디지털 전환을 촉진한다. AI는 생산 라인, 공급망, 품질 관리 등 모든 요소의 디지털화를 가능하게 만든다(IBM, 2024.11.15). 사람의 개입 없이도 실시간 모니터링과 조정이 가능한 스마트 팩토리 환경을 구축할 수 있게 되는 것이다.

이처럼 제조 산업에서 AI는 단순한 자동화 기술을 넘어 전체 운영 시스템을 재구성하고 미래형 산업 생태계를 만드는 핵심 수단으로 자리 잡고 있다. 향후 AI 기술이 더욱 정교해짐에 따라 제조 분야의 혁신 속도는 더욱 가속화될 것으로 전망된다.

의료 산업에서 AI의 모습

코로나19 팬데믹을 계기로 비대면 진료가 허용되면서, 의료 산업에서도 AI 기술의 활용이 빠르게 확산되고 있다. 특히 환자의 상태를 분석하고, 진단과 치료에 필요한 정보를 제공하는 데 AI의 역할이 점차 중요해지고 있다.

처음에는 환자 데이터의 자동 분석이나 AI 기반 처방 시스템에 대해 의료 현장과 환자 모두 낯설고 불안감을 느끼는 경우가 많았다. 새로운 기술이 생명을 다루는 분야에 직접 적용된다는 점에서, 신중함이 요구된 것도 사실이다. 하지만 점차 의료진과 환자 모두 AI 기술의 정확성과 효율성에 대한 신뢰를 쌓아 가고 있다. 예를 들어,

글로벌 조사 기관 '다이네이터(Dynata)'가 한국, 싱가포르, 호주 영상의학과 전문의를 대상으로 실시한 설문 조사 결과에 따르면, 전체 응답자의 80%가 AI가 진단과 치료의 정확성을 높이는 데 기여할 수 있다고 답했다(ETRI WEBZINE, 2021). 이는 의료진 역시 AI를 보조 수단 이상으로 받아들이기 시작했다는 신호이기도 하다.

오늘날 의료 분야에서 AI는 단순한 보조 진단 시스템을 넘어, 정밀 수술 지원, 음성 기반 진단, 영상 판독 자동화 등 고도화된 영역까지 진입하고 있다. 검사 데이터를 빠르게 분석해 진단 속도를 단축하고, 정확도를 높이는 방식으로 활용되며, 환자 대면 시간과 인적 자원 투입의 부담을 줄이는 데 기여하고 있다.

병원 현장에서도 AI 시스템 도입이 활발하다. 환자 진료 관리, 병상 운영 최적화, 응급 서비스 대응 등 다양한 영역에서 AI 기반 솔루션이 도입되며, 의료 인프라 전반의 운영 효율을 높이려는 움직임이 이어지고 있다(권연아, 2024.7.10). 특히 고령화 사회 진입과 의료 인력 부족 현상이 겹치면서, AI를 통한 의료 수요 분산과 대응 능력 확보가 중요한 전략으로 떠오르고 있다.

AI 기술이 사람의 생명과 건강에 직접 영향을 미치는 만큼, 의료 산업에서의 활용은 엄격한 규제 체계와 신뢰 확보가 동반되어야 한다. 2024년 국회를 통과한 「AI 기본법(인공지능 발전과 신뢰 기반 조성 등에 관한 기본법)」에서는, 의료 분야를 '고영향 인공지능'으로 분류하고 있다(법률신문, 2025.1.6). 이에 따라, 의료 영역에서 AI를 도입하거나 운영하는 기업과 기관은 투명성 확보, 설명 가능성, 안전성 검증, 개인정보 보호 등 여러 가지 법적 의무를 충실히 이행해야 한다. 향후 의료 AI 솔루션을 개발하거나 도입하려는 기관은 「AI 기본법」에 따른 의무 사항과 기술 기준을 체계적으로 분석하고 대응 전략을 마련해야 한다.

유통/물류 산업에서 AI의 모습

AI는 유통과 물류 산업 전반에 걸쳐 스마트 물류 시대를 이끄는 핵심 기술로 주목받고 있다. 특히 수요 예측, 재고 관리, 배송 최적화 등 공급망 관리의 효율성을 높이는 데 기여하고 있으며, 실제로 다수의 유통·물류 기업이 AI를 전략적으로 도입하고 있다(KT Enterprise, 2024.5.17).

유통 기업의 핵심 과제 중 하나는 소비자의 수요를 정확하게 예측하는 일이다. 수요 예측이 실패할 경우 과잉 재고 또는 품절 문제가 발생할 수 있으며, 이는 곧 재무적 손실과 고객 신뢰 하락으로 이어진다. AI는 다양한 판매 데이터, 외부 요인(날씨, 시즌, 지역 특성 등)을 분석해 정확한 수요 예측 모델을 제공한다. 예를 들어, 이마트는 할인 행사 시 수요 예측과 효과 분석을 통해 필요한 물량을 적시에 확보하고, 상품 추천 알고리즘을 통해 소비자 맞춤형 프로모션을 기획하는 데 AI를 활용하고 있다. 이는 마케팅 전략의 효율성과 고객 만족도를 동시에 높이는 방식이다.

AI는 유통을 넘어 물류 산업에서도 핵심 기술로 자리잡았다. 운송관리시스템(TMS)에 AI를 결합하면, 배송 경로를 자동으로 최적화하고, 교통 상황이나 날씨 등을 반영해 실시간으로 배차 계획을 조정할 수 있다. 대표적인 사례로 쿠팡은 배송자의 활동 데이터를 분석해 개별 업무량을 조절하고, 효율적인 배송 지역을 배정하는 AI 시스템을 운영하고 있다. 이는 배송 속도를 개선하고 인력 효율을 극대화하는 효과를 가져오며, 전체 운영 비용 절감으로도 이어진다.

오늘날 소비자는 다양화되고 있으며, 소비 패턴 또한 예측하기 어려울 정도로 유동적이다(조용석, 2018). 이 같은 환경에서 AI는 고객 데이터를 분석해 세분화된 소비자군을 정의하고, 개인화된 서비스와 마케팅을 가능하게 한다. AI는 단순히 공급망을 최적화하는 도구를 넘어, 소비자와 기업 간 연결을 강화하는 플랫폼으로 작용한다. 이를 통해 고객 편의성과 기업 운영 효율성을 동시에 실현할 수 있는 기반이 마련되고 있다.

법률 산업에서 AI의 모습

법률 산업은 전통적으로 사람이 방대한 자료를 직접 분석하고, 판단하며, 결론을 도출하는 특성을 가진 분야다. 하지만 최근에는 AI가 이러한 과정을 보조하면서, 법률 업무 전반에 걸쳐 효율성과 생산성을 높이는 변화가 나타나고 있다.

AI는 방대한 판례, 법령, 논문 등을 학습해, 계약서 초안 작성, 사건 유형 분류, 유사 판례 탐색 등 변호사의 핵심 업무를 지원한다. 예를 들어, 미국의 법률 데이터 기업 '렉시스넥시스(LexisNexis)'는 법률 전문 생성형 AI를 정식 출시해, 문서 작성과 콘텐츠 생성 자동화를 실현했다. 국내에서도 종합 법률 플랫폼 '로앤굿'이 AI로 이혼 분야 수임 제안서를 작성한 결과, 작성 시간이 기존 대비 7배 단축되었다고 발표했다(법률신문, 2023.11.30). 이러한 사례는 단순 시간 단축을 넘어, 법률 서비스의 접근성 확대와 표준화된 품질 제공이라는 측면에서 의미가 있다. 특히 반복적이거나 정형화된 업무일수록 AI의 역할은 더욱 커질 수 있다.

현재 국내외 많은 법무 법인이 자체적인 법률 AI 시스템을 도입하고 있으며, AI 서비스를 활용하는 변호사 수도 꾸준히 증가하고 있다. 이에 발맞춰 과학기술정보통신부는 'AI 법률보조 서비스 확산 사업'을 국가 과제로 추진하고 있으며, 법률 산업에서의 AI 활용을 적극 지원하고 있다. 그러나 이와 동시에 새로운 쟁점도 떠오르고 있다. 예컨대, AI의 활용으로 법조인의 고유 역할이 위협받을 수 있다는 우려, 자격을 갖추지 않은 일반인이 AI를 통해 법률 서비스를 제공하게 되는 문제 등이 논의되고 있다(고정철, 2024). AI 도구가 제공하는 서비스의 정확성과 윤리성, 법적 책임 소재에 대한 제도적 고민이 필요한 지점이다.

법률 산업 내 AI의 안정적인 정착을 위해서는, AI 법률 서비스의 역할과 범위를 명확히 규정하고, AI 서비스로 인해 발생할 수 있는 피해에 대한 법적 보호 장치를 마련하며, 법률 데이터의 공공적 활용 방안에 대한 논의도 병행되어야 한다. 또한 AI를 단순한 자동화 도구로 보는 것이 아니라, 법률 전문가가 더 고차원적인 문제 해결에 집중할 수 있도록 보조하는 기술로 이해하는 관점이 필요하다. 이러한 접근은 법률 시장 전반의 지식 기반 고도화와 전문 서비스의 질 향상으로 이어질 수 있다.

엔터테인먼트/미디어 산업에서 AI의 모습

오늘날 엔터테인먼트와 미디어는 우리의 일상에서 가장 많은 시간을 함께하는 산업 중 하나로 자리 잡았다. 특히 영상, 음악, 뉴스, 게임 등 우리가 접하는 대부분의 콘텐츠가 이 산업을 통해 생산 · 유통되고 있으며, 여기에 AI의 도입이 새로운 전환점을 만들어 내고 있다. AI는 콘텐츠의 기획 · 제작 · 추천 전 과정에 걸쳐 깊숙이 관여하며, 이용자 경험과 산업의 구조를 바꾸고 있다(이수엽, 2021).

콘텐츠 기획은 미디어 산업의 출발점이다. 과거에는 기획자의 직관이나 유사 사례 분석을 기반으로 콘텐츠가 만들어졌다면, 오늘날에는 시청자의 미디어 이용 행태를 분석하는 데이터 기반의 기획 방식이 주를 이루고 있다. AI는 이용자의 검색 기록, 시청 시간, 클릭 패턴 등의 데이터를 분석해 시청자가 어떤 주제, 형식, 길이의 콘텐츠를 선호하는지 예측하고, 이를 바탕으로 보다 정교한 기획안을 제시한다. 이는 콘텐츠의 성공 가능성을 높이고, 불확실성을 줄이는 데 기여한다.

AI는 콘텐츠 제작 과정에서도 중요한 역할을 한다. 특히 생성형 AI는 영상 · 음악 · 이미지 등 다양한 형태의 콘텐츠를 자동으로 생성하거나, 기존 콘텐츠를 보완 · 확장하는 데 활용된다. 예를 들어 영상 편집, 음향 조절, 자막 생성 같은 반복적이거나 기술적인 작업은 AI가 빠르게 처리할 수 있으며, 이는 제작자의 창의성이 필요한 부분에 더 많은 시간을 할애할 수 있게 만든다. 또한 이미지 생성 AI나 음성 합성 기술은 예산이나 인력이 부족한 현장에서 콘텐츠 다양성과 품질 향상을 동시에 실현할 수 있도록 돕는다.

AI는 시청자의 콘텐츠 소비 패턴을 분석해 개인화된 추천을 제공한다. 넷플릭스, 유튜브, 티빙, 왓챠 등 주요 스트리밍 플랫폼은 모두 AI 기반 추천 알고리즘을 통해 사용자가 선호할 가능성이 높은 콘텐츠를 선제적으로 제안하고 있다. 이러한 맞춤형 추천 기능은 이용자 만족도 향상과 체류 시간 증가로 이어지며, 기업의 수익성 향상에도 직접적으로 기여하고 있다. 실제로 추천 콘텐츠의 소비 비중이 전체 시청 시간의 절반 이상을 차지한다는 통계도 있다.

AI는 단지 콘텐츠를 만드는 도구를 넘어 미디어 기업의 사업 구조 자체를 변화시키는 동력이 되고 있다. 딜로

이트(2024)는 한 보고서에서 "AI는 엔터테인먼트/미디어 기업이 업의 본질을 재정의하는 전환점을 맞고 있다"라고 언급했다. 예를 들어, 영국의 온라인 커뮤니티 '레딧(Reddit)'은 기존에는 광고 수익에 집중했으나, 최근에는 커뮤니티에서 축적된 대규모 데이터를 AI 학습용으로 제공하는 데이터 라이선스 사업에 본격 진출하고 있다. 이처럼 플랫폼 기반 미디어 기업이 AI 기반 데이터 기업으로 변모하는 사례는 점차 늘어날 전망이다.

결국, 엔터테인먼트/미디어 산업은 콘텐츠와 기술이 결합하며 AI와의 공존을 넘어, AI를 매개로 한 진화를 경험하고 있다. 향후 AI의 성능 향상과 이용자 수요의 다양화가 맞물릴수록, 이 산업은 더욱 빠르게 변화하고 확장될 것이다.

참고문헌

고정철(2024.12.20). 생성형 AI와 법률서비스, 국내외 동향 및 시사점". ≪이슈와 논점≫, 2310, file:///C:/Users/user/Downloads/fileDownload2.pdf

권연아(2024.7.10). 국내 병원들, AI 의료체계 속속 도입… 첨단의료 혁신은 진행 중. BIOTIMES, https://www.biotimes.co.kr/news/articleView.html?idxno=16055

딜로이트(2024.11.26). 생성형 AI, 미디어·엔터테인먼트 시장 지형을

흔들다,
https://www.deloitte.com/kr/ko/Industries/tmt/perspectives/20241118.html
법률신문(2025.1.6). AI 기본법 통과의 의의 및 산업계에 미칠 영향, https://www.lawtimes.co.kr/LawFirm-NewsLetter/204461
삼일회계법인(2024.10). 산업별 생성형 AI(GenAI) 도입 전략: 효율성 향상과 혁신의 선도, https://www.pwc.com/kr/ko/insights/industry-focus/genai-adoption-game-changer.html
법률신문(2023.11.30). AI로법률산업에생산성혁명. https://www.lawtimes.co.kr/news/193671
이수엽(2021.5). 인공지능과 미디어 엔터테인먼트 산업. ≪미디어 이슈&트렌드≫, 44, https://www.kca.kr/Media_Issue_Trend/vol44/sub01_03.html
조용석(2018.7). 유통 산업은 인공지능(AI)을 통해 무엇을 얻고자 하는가?. ≪기술과 혁신≫, 419.
ETRI WEBZINE(2021.11). 인공지능과 의료 서비스가 만나다, https://www.etri.re.kr/webzine/20211112/sub01.html
IBM(2024.11.15). AI는 제조업에서 어떻게 사용되고 있나요?, https://www.ibm.com/kr-ko/think/topics/ai-in-manufacturing
KT Enterprise(2024.5.17). AI, 산업 지형을 바꾸는 게임 체인저 – 제조, 금융, 의료, 유통, 교육 분야의 AI 트렌드와 미래 전망, https://enterprise.kt.com/bt/dxstory/2539.do

04
광고 전반에서 활용되는 AI

AI는 광고 산업 전반에도 빠르게 적용되고 있다. 광고 기획, 광고 제작, 광고 효과 분석 등 모든 단계에서 AI가 활용되며, 이를 통해 보다 정교하고 개인화된 광고가 가능해지고 있다. 이처럼 광고 산업에서 AI의 활용이 늘어나면서, 광고인의 역할이 줄어들 것이라는 우려와 함께 새로운 가능성에 대한 기대가 공존하고 있다.

AI와 사주?

광고와 AI, 공존할 수 있을까

최근 우리는 AI가 만든 광고를 어렵지 않게 접할 수 있다. 처음에는 이질적으로 느껴졌던 AI 광고는 이제 '새로운 것'으로 인식되고 있으며, 나아가 '창의적인 것'으로 받아들여지고 있다. 불과 몇 년 전만 해도 AI를 사용하는 것이 낯설었던 사람들이 이제는 업무에 AI를 적극 활용하고 있으며, 광고를 기획하고 제작하는 과정에서도 AI를 통한 변화를 시도하고 있다. 변화의 속도는 AI가 앞으로 광고 산업을 어떻게 바꿔 놓을지 예측조차 어려울 만큼 빠르게 진행되고 있다.

한때 예술과 창작의 영역은 AI가 대체할 수 없는 인간 고유의 분야로 여겨졌다. 특히 감성과 창의성이 중요한 광고 분야는 AI의 진입이 어려운 영역으로 간주되었다. 하지만 최근의 흐름은 이와 다르다. AI는 창의적인 작업에까지 영향을 미치며, 광고 제작 과정에서 점점 더 중요한 역할을 맡고 있다. 물론 AI가 주도하는 광고가 대중적으로 완전히 자리 잡기까지는 시간이 더 필요하겠지만, 광고야말로 AI의 장점을 극대화할 수 있는 대표적인 영역이라는 점에서 주목할 만하다.

인터넷의 출현, 스마트폰의 등장, 그리고 최근 챗GPT 같은 생성형 AI 기술의 급속한 발전은 광고업계에 새로운 파장을 일으켰다. 특히 창의성이 인간 고유의 영역이라는 믿음이 흔들리면서, 광고업에 종사하는 사람들 사이에서는 '내 자리는 안전한가?'라는 불안감이 퍼지고 있다. 이는 AI 기술에 대한 실체적인 위협으로 느껴지고, 나아가 공포로 인식되기도 한다.

기업의 입장에서도 AI는 위협이자 기회다. AI를 활용해 신시장을 개척하고, 경쟁력을 확보하지 못한다면 도태될 수 있다는 위기감이 존재한다(조선일보, 2024.8.23). 실제로 챗GPT의 등장 이후 이미지, 음성, 음악, 동영상까지 다양한 형태의 생성형 AI가 속속 등장하고 있으며, 이 같은 속도라면 멀티모달 기반의 AI 에이전트의 등장이 멀지 않아 보인다. AI 에이전트는 인간처럼 다기능을 수행하는 지능형 시스템으로, 광고의 기획부터 제작, 분석까지 전 과정을 대신할 수 있을 정도의 역량을 갖출 수 있다(강경수, 2024.7.31). 이러한 변화는 광고 전문가의 자리를 인간에서 시스템으로 옮길 수 있다는 점에서 근본적인 산업 구조의 변화를 암시한다. 따라서 사람들이 AI에 느끼는 불안은 어쩌면 당연한 현상일지도 모른다.

수용자 측면에서도 AI 광고는 아직 낯선 존재다. 밀레니얼 및 Z세대는 AI 기술에 대한 이해도가 높고, 기술적 한계를 현실적으로 인식하고 있어 AI 등장인물을 비교적 자연스럽게 받아들이는 경향이 있다. 반면, 베이비붐 세대나 X세대는 기술에 대한 기대와 실제 경험 사이의 괴리로 인해 AI 광고를 거리감 있게 느낄 수 있다(김옥현 외, 2025). 이러한 세대 간 인식 차이는 AI 기술 도입의 과도기적 국면임을 보여 준다.

현재 광고 산업에서 AI에 대한 심리적 장벽은 여전히 존재한다. AI가 제작한 광고에 대한 거리감, AI 등장인물이 주는 어색함 등은 수용자뿐 아니라 제작자에게도 영향을 준다. 그러나 AI가 일상생활 속 다양한 영역에 깊숙이 들어와 있는 현실을 고려하면, 광고 영역에서도 이러한 심리적 장벽이 서서히 허물어질 가능성은 충분하다. 광고에서 AI가 수행할 수 있는 역할은 단지 기획이나 자동화에 그치지 않는다. 데이터를 기반으로 타깃 소비자에 대한 정밀한 분석과 실시간 반응에 따른 최적화까지 가능하다는 점에서, 향후 AI는 광고 산업 전반에서 중심축이 될 수 있다.

AI의 효과는 지속될 수 있을까

AI 기술이 폭발적인 관심을 받으며 다양한 산업에 도입되고 있는 가운데, 그 효과가 과연 지속될 수 있는지에 대한 의문도 제기되고 있다. 글로벌 컨설팅 업체인 가트너(Gartner)는 '신기술 하이프 사이클(Hype Cycle)' 이론에 따라, AI가 조만간 '환멸의 골짜기(Trough of Disillusionment)' 단계에 진입할 것으로 예측했다. 이는 기술에 대한 초기 기대가 실제 성과로 이어지지 못할 경우, 대중의 관심이 빠르게 식고, 기업들의 투자도 감소할 수 있다는 경고다(임대준, 2024.3.18).

실제로 기업들은 AI 시스템 개발과 적용에 상당한 자원을 투입하고 있지만, 모든 시도가 만족스러운 성과로 이어지는 것은 아니다. 기술 도입에 들어가는 시간과 비용에 비해 결과물이 기대에 못 미치는 경우, AI에 대한 투자가 점차 줄어들 가능성도 존재한다. 이러한 흐름은 과거의 기술 유행처럼, AI 역시 일시적인 트렌드에 불과할 수 있다는 우려를 낳기도 한다.

광고업계에서도 비슷한 우려가 제기되고 있다. AI 시스템을 도입하기 위해서는 고도화된 알고리즘, 데이터 분석 인프라, 전문 인력 확보 등 상당한 비용이 필요하다. 문제는 이처럼 많은 자원을 투입하더라도, 수용자의 기대치를 만족시키는 결과가 바로 나타나지 않는다는 점이다. 기술 도입 이후 얼마만큼의 시간이 필요한지, 그 시간 동안 기업이 인내하며 기다릴 수 있을지는 여전히 불확실하다(정채희, 2024.8.5).

게다가 AI에 대한 기대감이 지나치게 부풀려진 측면도 있다. 새로운 기술이 등장할 때마다 기대감과 함께 나타나는 낙관적 전망은 때로 현실적인 문제를 간과하게 만들 수 있다. 성과가 검증되지 않은 상황에서 AI 도입을 무조건적인 미래 전략으로 삼는 것은 위험할 수 있으며, 기술 도입에 따른 문제 발생 가능성도 사전에 충분히 고려되어야 한다.

결국 AI의 미래는 기술 그 자체보다도, 그것을 어떻게 활용하고 통합할지에 달려 있다. 단기적인 유행으로 끝날 것인지, 아니면 사회 전반을 구조적으로 변화시키는 도구로 자리매김할 것인지는, 기술의 발전과 더불어 사회 · 제도 · 문화적 수용력에 따라 달라질 것이다. 지속가능성을 위해서는 과도한 기대보다는 현실적인 접근과 단계적인 전략이 필요하다.

AI로 변화될 광고에 대한 기대

광고인에게 AI는 광고 제작 과정을 간소화하고, 비용을 절감할 수 있는 강력한 도구로 인식되고 있다. 기존에는 광고 모델 섭외, 촬영 장소 선정, 실제 촬영 및 편집에 이르기까지 많은 시간과 자원이 투입되어야 했다. 그러나 생성형 AI의 등장으로 이러한 과정이 대폭 간소화되고 있다. 단순한 영상 생성이나 이미지 합성에 그치지 않고, 광고 기획 단계에서도 AI는 핵심적인 역할을 수행한다.

기존에는 기획자가 일일이 자료를 조사하고, 소비자 이용 행태를 분석해 광고 전략을 수립했다면, 이제는 AI가 데이터를 자동으로 수집·분석하고 이를 기반으로 맞춤형 광고 기획을 가능하게 한다. 특히 소비자의 관심사와 행동 데이터를 실시간으로 분석해 타기팅 전략을 세우는 데 AI는 중요한 도구가 되고 있다. 광고 카피를 개발할 때에도, AI는 브레인스토밍 파트너처럼 다양한 아이디어를 제안하며 창의적인 발상에 도움을 준다.

이처럼 AI가 만든 광고, 혹은 AI를 적극 활용한 광고는 소비자에게도 새로운 경험을 제공한다. 광고에 대한 노출이 일상화된 현대 사회에서, AI 광고는 시각적 차별성과 기술적 참신함으로 주목을 끈다. 특히 인터랙티브한 경험을 제공하거나, 시청자와의 상호작용이 가능한 콘텐츠는 소비자의 광고 몰입도를 높이는 데 유리하다.

광고인 입장에서는 이러한 AI의 특성이 단점보다 장점으로 다가온다. 물론 빠른 변화의 흐름에 당황하거나, 익숙하지 않은 방식에 대한 심리적 저항도 존재하지만, AI가 가져오는 효율성은 무시할 수 없는 수준이다. 특히 기획과 제작에 투입되는 시간과 비용을 크게 절감할 수 있다는 점은 산업 전반에 긍정적인 변화를 예고한다.

아직 생성형 AI 기반 광고 시장은 초기 단계로, 시장 규모 자체는 크지 않다. 하지만 성장 가능성은 매우 높다. 나스미디어(2023)에 따르면, 전 세계 생성형 AI 광고 시장은 2022년 0.6억 달러 규모에서 2032년에는 약 192.5억 달러(한화 약 250조 원)로 성장할 것으로 예상된다. 이는 약 125%의 급격한 성장률을 의미한다.

지금까지 AI가 일상생활의 변화를 이끌었다면, 앞으로는 광고 영역에서 보다 강력한 변화를 주도하게 될 것이다. AI는 단순한 도구가 아니라, 광고 산업의 구조 자체를 바꾸는 동력이 될 가능성을 갖고 있다. AI와 함께하는 광고는 이제 새로운 시대의 표준이 되어 가고 있다.

참고문헌

강경수(2024.7.31). 불안과 두려움을 넘어, AI를 대하는 우리의 자세. 디지털투데이, https://www.digitaltoday.co.kr/news/articleView.html?idxno=527462

김옥현 외(2025). 광고 속 AI에 대한 세대별 수용 차이". ≪미디어경제와문화≫, 23(1), 7-47쪽, https://www.kci.go.kr/kciportal/ci/sereArticleSearch/ciSereArtiView.kci?sereArticleSearchBean.artiId=ART003174941

나스미디어(2023). 생성형 AI에 대한 소비자 인식 조사,
https://cjmezzomedia.com/data/insight_m_file/insight_m_file_1642.pdf

윤진호(2024.8.23). AI 개발, 개척 정신보다 ‘두려움’ 앞서는 기업들. ≪조선일보≫,
https://www.chosun.com/economy/tech_it/2024/08/21/MSZ2FKU7OZFT7D7TBUID5UZJHM/

임대준(2024.3.18). 가트너 “내년에 생성 AI ‘환멸의 골짜기’ 찾아올 수 있어”. AI타임스,
https://www.aitimes.com/news/articleView.html?idxno=158055

정채희(2024.8.5). ‘환멸의 골짜기’ 들어섰다? … 주가 떨어뜨린 AI 버블론. 매거진한경,
https://magazine.hankyung.com/business/article/202408014573b

05
광고 기획에서 활용되는 AI

광고 기획은 캠페인의 방향을 정하고 전체 흐름을 설계하는 핵심 과정이다. 이 단계에서 AI는 소비자 반응 예측, 데이터 분석, 트렌드 파악 등 다양한 방식으로 활용되어 광고주와의 소통을 돕고 전략의 효율성을 높인다. 광고의 목적을 보다 정확하게 달성하기 위해 AI는 기획 초기부터 중요한 역할을 수행하고 있다.

AI와 아이돌?

소비자 데이터 분석 및 예측

광고 기획은 기업이 전달하고자 하는 메시지를 효과적으로 설계하는 과정으로, 광고의 시작과 끝을 결정짓는 중요한 단계다(서범석, 1995). 이 과정에는 상황 분석, 콘셉트 설정, 매체 전략 수립 등이 포함되며, 광고주의 니즈와 목적을 정확히 파악하는 것이 핵심이다.

그중에서도 가장 복잡하고 어려운 부분은 바로 방대한 소비자 데이터를 분석해 인사이트를 도출하는 일이다. 수많은 데이터를 일일이 검토하고, 그 안에서 의미 있는 정보를 선별해 내야 하는데, 이 과정에서 오류가 생기면 잘못된 전략이 수립되고, 광고 효과가 오히려 역효과를 낼 수도 있다.

이러한 문제를 해결하기 위해 AI의 활용이 주목받고 있다. AI는 소비자 선호나 트렌드 정보를 다양한 출처로부터 수집하고, 이를 빠르고 정밀하게 분석해 준다. 예를 들어, 소셜 미디어상의 게시물, 댓글, 리뷰를 분석해 제품이나 브랜드에 대한 감정 흐름을 측정하고, 대중의 반응을 실시간으로 이해할 수 있다. 사람이 같은 작업을 수작업으로 할 경우 많은 시간이 소요되고 주관이 개입될 수 있으나, AI는 일관된 기준으로 객관적 분석이 가능하다(유승재, 2024.5.30).

AI는 단순 분석을 넘어 소비자 행동 예측에도 활용된다. 구매 이력, 클릭 패턴, 장바구니 담기 등의 데이터를 기반으로 향후 소비자의 행동을 예측하고, 이에 기반한 마케팅 전략이나 신제품 추천이 가능해진다. 미국의 전자 상거래 업체인 '아마존(Amazon)'이 대표적인 사례로, 고객의 구매 내역과 리뷰, 관심 상품, 심지어는 계절과 날씨 데이터를 종합해 개인 맞춤형 상품을 추천한다(아마존, AWS AI).

이 같은 예측 기능은 콘텐츠 제작 기획에도 응용된다. 콘텐츠 제작에는 높은 비용이 수반되므로, 실패 확률을 줄이는 것이 중요하다. 강정수(2025)에 따르면, AI 기반의 데이터 분석은 콘텐츠 기획 초기 단계에서 위험 요소를 사전에 차단하는 데 효과적이다. 예컨대 넷플릭스(Netflix)는 드라마 〈하우스 오브 카드(House of Cards)〉 제작 여부를 결정할 때 시청자 데이터를 분석해 성공 가능성을 판단했다. 이는 AI를 통해 창작의 감각에 데이터 기반의 확신을 더한 사례로 평가된다.

결국 AI는 소비자 데이터를 이해하고 예측함으로써, 광고 기획이 보다 정교하고 효과적으로 이뤄질 수 있도록 돕는다. 이처럼 데이터 중심의 기획은 광고 성공률을 높이고, 불필요한 자원 낭비를 줄이는 데 중요한 역할을 한다.

경쟁사 분석

AI는 사람보다 패턴 인식과 상관관계 발견에 뛰어나며, 이는 기업이 잠재적인 문제를 사전에 파악하고 전략을 수립하는 데 효과적으로 활용된다. 특히 광고 기획 과정에서 AI를 활용한 경쟁사 분석은 기업이 시장 내에서의 위치를 파악하고, 경쟁사의 활동으로 인한 수익 감소나 부정적인 영향을 미리 예측하는 데 유리하다. AI는 이 과정에서 전략 수립을 위한 인사이트를 제공하는 중요한 도구로 기능한다.

기업들은 자체 경쟁사 분석 솔루션을 도입하거나 외부의 AI 기반 데이터 분석 서비스를 활용해 경쟁사의 마케팅 전략, 브랜드 포지셔닝, 소비자 반응 등을 분석하고 있다. 이처럼 AI는 방대한 데이터를 실시간으로 수집·분석해 사람이 놓칠 수 있는 신호를 포착하고, 이를 바탕으로 빠르고 정밀한 분석 결과를 제공한다. 무엇보다 이러한 과정이 자동화되어 있다는 점에서 기업의 자원을 절약하고, 인력 의존도를 낮추며, 전략 수립의 정확도를 높여 준다. 다시 말해, AI는 자사 분석뿐만 아니라 경쟁사 분석에서도 핵심 도구로 자리 잡고 있으며, 광고 기획자에게는 보다 정교하고 차별화된 전략 수립을 가능하게 하는 기반이 된다(변혜민 외, 2024).

예를 들어, 넷플릭스는 글로벌 콘텐츠 경쟁사인 디즈니 플러스(Disney+)의 시청자 데이터를 분석해, 특정 지역이나 시간대에 어떤 콘텐츠 유형이 주목받는지를 예측하고, 자사의 오리지널 콘텐츠 배포 시점을 전략적으로 조정했다. 이러한 AI 기반의 경쟁사 예측 분석은 콘텐츠 흥행 여부에 큰 영향을 미치며, 제작 및 광고비 투입의 효율화를 가능하게 한다.

예산 최적화

마케팅에서 AI의 가장 큰 강점은 방대한 데이터를 기반으로 소비자 행동, 경쟁사 전략, 시장 흐름을 분석하고 인사이트를 도출하는 데 있다. 이러한 분석 결과는 인간이 실시간으로 파악하기 어려운 시장 변화를 감지하고, 보다 정교한 대응 전략 수립을 가능하게 한다(유승재, 2024.5.30).

AI 기반 데이터 분석을 통해 수립된 광고 기획 방향은 단순한 방향 제시를 넘어, 예산의 효율적인 배분과 운영에 핵심적인 역할을 한다. 예산을 어떤 채널이나 캠페인에 어느 정도 할당할지, 어떤 영역이 효과적인지, 어떤 요소가 실적이 저조한지를 AI가 분석해 알려 줌으로써 낭비되는 지출을 줄이고, 수익을 극대화할 수 있도록 돕는다. 실적이 낮은 영역에 대한 재투자 여부 판단이나 성과가 우수한 부분에 대한 확대 투자가 가능해지는 것이다.

AI는 단발성 분석에 그치지 않고, 실시간으로 최신 데이터를 수집하고 반영해 광고 전략과 예산 배분을 지속적으로 조정한다. 이 같은 자동화된 예산 최적화 기능은 광고 효율을 극대화하고, 예산 운용에서의 시행착오를 줄이는 데 기여한다. 특히 사람이 수작업으로 플랫폼별 예산을 관리할 경우 발생할 수 있는 시간 낭비와 오류를 줄이고, 캠페인의 실시간 성과를 반영한 유연한 조정이 가능해진다.

결국 AI는 광고 예산을 보다 합리적이고 체계적으로 관리하게 해 주며, 이는 기업의 지속 가능한 성장과 수익성 제고에 직접적인 영향을 미친다. 예산은 마케팅 성과와 직결되는 만큼, AI를 통한 예산 최적화는 단순한 기술 적용을 넘어 기업 경영의 중요한 전략적 요소가 되고 있다.

참고문헌

강정수(2025). AI 및 데이터 기반 글로벌 미디어 비즈니스 전략과 콘텐츠 제작. Media Issue & Trend, 67, https://www.kca.kr/Media_Issue_Trend/vol67/assets/pdf/KCA67_11_issue1.pdf

변혜민 외(2024). AI시대 광고산업 발전 방안. 한국방송광고진흥공사.

서범석(1995). 『현대광고기획론』. 나남출판사.

아마존. AWS AI, https://aws.amazon.com/ko/ai/

유승재(2024.5.30). 디지털 마케터 창의성 높이는 생성형 AI. ≪중앙일보≫, https://www.joongang.co.kr/article/25253011

06
광고 제작에서 활용되는 AI

광고 환경에서 AI가 가장 활발하게 적용되는 영역은 바로 광고 제작이다. 음성, 이미지, 영상 등 다양한 요소에서 AI가 활용되며, 이는 제작 과정의 효율성과 자동화에 크게 기여한다. AI 기술의 발전은 광고 제작 환경에 변화를 가져오고 있으며, 이러한 변화는 광고 산업 전반의 생산성을 향상하고, 새로운 표현 방식의 실험을 더욱 빠르고 유연하게 진행할 수 있게 한다.

AI와 야구?

광고 텍스트 생성

광고 제작 과정에서 텍스트 생성은 본문, 헤드라인 등 광고에 포함되는 모든 문구를 만드는 작업을 포함한다. 특히 광고 카피는 광고의 성패를 좌우할 수 있는 핵심 요소이며, AI는 다양한 플랫폼과 목적에 맞춰 이러한 카피를 자동으로 생성해 낼 수 있다.

기존에는 광고 카피 제작에 개인의 창의성과 주관이 크게 작용했으나, AI를 활용하면 일정 수준의 주관적 편향을 줄이고, 작업자가 더 고차원적인 전략이나 감성적인 완성도에 집중할 수 있는 여건을 조성할 수 있다. 예를 들어, 최신 트렌드나 소비자 분석 데이터를 기반으로 카피를 제작해야 할 때, AI는 광고 기획 단계에서 수집된 데이터를 바탕으로 빠르게 다수의 문안을 제안할 수 있다. 작업자는 이들 중 적절한 내용을 선택해 일부 수정하거나, 새로운 아이디어를 도출하는 데 참고 자료로 활용할 수 있다. 이처럼 AI와의 협업은 창의적인 작업의 효율성과 확장성을 동시에 높이는 데 기여한다.

광고 텍스트 생성 기술은 이미 상용화 수준에 도달했으며, 실제 실무에서 널리 활용되고 있다(최세정, 2023). 광고 분야에서도 다양한 AI 기반 텍스트 생성 서비스들이 경쟁 중이며, 이들 도구는 광고 성과 향상에 실질적인 기여를 하고 있다.

예를 들어, 국내 닭 가슴살 전문 브랜드 '아임닭'은 챗GPT를 활용해 광고 콘티를 제작했고, 광고 말미에 "이 광고는 인공지능 플랫폼을 활용해 각색, 수정 없이 그대로 제작했습니다"라는 문구를 삽입했다. 광고는 챗GPT에게 콘티를 요청하는 장면으로 시작되며, AI가 직접 작성한 카피가 그대로 메인 문구로 사용되었다. 심지어 AI의 다소 엉뚱한 답변도 편집 없이 포함해 광고에 재미 요소까지 더했다. 이 사례는 AI의 창의성을 콘텐츠로 승화시킨 예이자, AI 활용 방식에 대해 고민한 결과가 효과적으로 드러난 사례라고 볼 수 있다.

이러한 사례는 앞으로 AI 활용 능력이 광고 제작의 핵심 경쟁력이 될 수 있음을 보여 준다. 단순히 "AI가 만든 광고"라는 것만으로는 소비자의 관심을 지속적으로 이끌어내기 어렵다. 따라서 광고인은 AI를 단순한 도구로 사용하는 것을 넘어, AI가 가진 가능성을 극대화하고, 그것을 하나의 창의적 자산으로 전환하는 능력을 갖추는 것이 중요하다.

광고 이미지 생성

최근, 특정 애니메이션 스타일로 자신의 사진을 바꾸는

AI 이미지 생성이 유행하며 대중적으로 확산되었다. 카카오톡 프로필이나 사회관계망서비스(SNS, Social Network Service)에는 AI로 변환한 이미지가 넘쳐났고, 이를 계기로 많은 사람들이 자연스럽게 이미지 생성형 AI의 사용법을 익히게 되었다. 이러한 흐름에는 오픈AI가 2025년 3월에 출시한 챗GPT-4의 이미지 생성 기능이 결정적인 역할을 했다. 이 기능을 통해 사용자들은 자신의 얼굴을 애니메이션 스타일로 바꾸는 새로운 경험을 하며 기술에 대한 호기심과 긍정적 감정을 형성하게 되었다.

현재 상용화된 대표적인 이미지 생성 AI로는 오픈AI(OpenAI)의 달리(DALL · E), 미드저니(Midjourney)사에서 개발한 미드저니(Midjourney), 플레이그라운드 AI(Playground AI) 등이 있다(윤병권, 2024). 특히 플레이그라운드 AI는 생성된 이미지에 대한 저작권을 사용자에게 부여해, 상업적 활용까지 가능하게 하고 있다. 이 플랫폼은 무료 및 유료 요금제를 통해 다양한 선택지를 제공하며, 창작의 자유를 넓히고 있다(양지훈 · 윤상혁, 2023).

광고 제작 환경에서도 이러한 이미지 생성 AI는 점차 중요한 역할을 차지하고 있다. 기존에 존재하지 않던 이미지를 AI가 직접 생성하거나 필요한 시각 자료를 빠르게 편집할 수 있어, 제작 시간을 단축하고 비용을 절감하는 데 큰 도움을 준다. 이는 특히 소규모 예산의 광고 캠페인이나 빠른 시각 콘텐츠 교체가 필요한 디지털 광고 분야에서 큰 강점이 된다.

그러나 여전히 과제가 존재한다. 단순한 이미지나 포스터 디자인 수준에서는 충분히 활용 가능하지만, 고차원적 연출이 요구되는 작업이나 브랜드 차별성을 표현하는 고유 디자인에서는 AI의 기능이 아직 부족한 측면도 있다. 따라서 광고 이미지 생성에서 AI는 효율성을 높이는 실용적 도구로 작용하고 있지만, 기술의 완성도와 창의적인 광고인의 역할 간의 균형이 여전히 중요하다고 볼 수 있다.

광고 동영상 생성

영상 콘텐츠를 보다가 "이 광고는 AI가 제작했습니다"라는 문구를 본 적이 있다면, 많은 사람들처럼 우리는 본능적으로 광고를 유심히 살펴보게 된다. "정말 AI가 만들었나?", "어색한 부분은 없을까?" 하는 호기심은 오히려 광고에 대한 몰입도를 높인다. 내용이나 브랜드보다 새로운 제작 방식에 주목하게 되는 것이다. 바로 이 '새로움'이 AI 광고가 주목받는 이유다.

그러나 단순한 관심이 곧 효과적인 광고로 이어지진 않는다. AI가 만든 광고가 실질적인 성과를 내는 이유는, 소비자 데이터를 기반으로 선호를 분석하고, 이에 최적화된 맞춤형 콘텐츠를 제공하기 때문이다. 다양한 소비자 취향을 일일이 분석하는 것은 많은 시간과 자원이 필요한 일이다. 반면, AI는 방대한 데이터를 바탕으로 정확하고 빠르게 소비자 인사이트를 도출할 수 있다. 실제로 액센처(Accenture, 2020)의 조사에 따르면, 소비자의 91%가 개인 맞춤형 제안을 제공하는 브랜드를 선호한다고 응답했다. 이는 AI 기반 광고 제작의 필요성을 뒷받침하는 중요한 지표다.

이러한 추세에 맞춰 국내 기업들도 AI 광고 제작을 적극적으로 시도하고 있다. 삼성생명은 광고의 모든 이미지와 배경 음악을 AI로 생성해 제작했으며, 보험사의 보수적인 이미지를 탈피하고자 데이터 기반 이미지를 영상화했다(이시섭, 2023). 롯데그룹은 기업 캠페인 광고에 생성형 AI를 활용해, 영상 편집과 배경 음악까지 AI가 제작한 광고를 선보였다(브랜드브리프, 2024.4.19). LG유플러스는 청년 요금제 홍보 캠페인에서 AI 기술을 활용해 젊은 층과 효과적으로 소통하며 새로운 시도를 보여 주었다.

이처럼 AI는 사람이 하던 광고제작의 주요 단계를 하나의 통합된 프로세스로 자동화하고 있다. 과거에는 AI가 이미지와 음성 제작까지만 가능했다면, 이제는 영상 전체를 기획하고 편집까지 수행하는 수준에 이르렀다. AI 기반 광고는 소비자의 감정을 분석하고 선호를 예측해, 제작자와 소비자 모두를 설득할 수 있는 콘텐츠를 만든다. 기술을 통해 광고 제작자의 주관적 통찰과 소비자의 객관적 데이터를 연결하는 것이다. 이는 광고가 단지 브랜드 메시지를 전달하는 차원을 넘어, 소비자의 몰입과 반응을 유도하는 설득 도구로 기능함을 의미한다(주혜민 · 류재만, 2019).

앞으로 콘텐츠의 중요성이 더욱 커지고, 국가 경쟁력의 핵심으로 자리 잡은 만큼, AI 기반 동영상 생성 시장은 지속적으로 성장할 것으로 예상된다. 객체 인식, 음향 설계, 시각적 정교함을 더욱 고도화할 수 있는 AI 기술은 광고의 몰입감과 현실감을 높여 주며, 수용자의 감정적 반응까지 유도하는 방향으로 진화할 것이다(한영주, 2023).

참고문헌

브랜드브리프(2024.4.19). 국내 최초의 생성형 AI 광고 사례로 본 'AI로 생명을 얻는 사진들', https://www.brandbrief.co.kr/news/articleView.html?idxno=6856

윤병권(2024). 생성형 AI를 활용한 광고디자인 연구: 광고디자인 요소에 따른 생성형 AI 영상광고 사례 분석을 중심으로. ≪한국디자인리서치학회 논문지≫, 9(3), 359-368쪽, https://www.kci.go.kr/kciportal/ci/sereArticleSearch/ciSereArtiView.kci?sereArticleSearchBean.artiId=ART003122117

이시섭(2023.7.25). AI로만 만든 최초의 광고, 삼성생명 브랜드 캠페인. Cheil Megazine, https://magazine.cheil.com/53684

주혜민·류재만(2019). 상업광고 비평을 통한 비판적 사고력 증진방안. ≪미술교육연구논총≫, 57, 139-159쪽, https://www.kci.go.kr/kciportal/ci/sereArticleSearch/ciSereArtiView.kci?sereArticleSearchBean.artiId=ART002471541

최세정(2023.12.11). AI가 광고 산업에 미치는 영향. 2023 디지털플랫폼 정책포럼 최종보고회 발표자료, https://nsp.nanet.go.kr/trend/seminar/detail.do?seminarControlNo=SEMI0000002203

한영주(2023). AI 기술로 리얼리티 그 이상을 초월하는 영상콘텐츠, KCA, MEDIA ISSUE & TREND, 56, https://www.kca.kr/Media_Issue_Trend/vol56/KCA56_22_domestic.html

Accenture(2020). Annual report 2020, https://www.accenture.com/content/dam/accenture/final/a-com-migration/pdf/pdf-138/accenture-fiscal-2020-annual-report.pdf

07
광고 효과 분석에서 활용되는 AI

AI는 광고 집행 결과를 분석해 소비자의 반응을 파악하고, 기획부터 집행까지 전 과정의 효과를 평가하는 데 활용된다. 특히 AI의 뛰어난 데이터 처리 능력은 광고 성과를 정밀하게 분석하고, 이를 바탕으로 캠페인을 더욱 정교하게 개선하는 데 큰 역할을 한다.

AI와 윤동주?

광고 효과 측정에 AI가 필요한 이유

광고 효과 측정은 광고가 설정한 목적을 얼마나 달성했는지를 확인하는 핵심 단계다. 이는 단순한 성과 확인을 넘어, 광고에 투입된 비용 대비 얻은 이익을 정량적으로 분석해 광고주에게 명확한 근거를 제시하는 과정이기도 하다. 광고주는 광고 기획과 제작, 집행 전반을 주도하고 비용을 지불하는 주체이기 때문에, 그들이 원하는 효과가 실현되었는지를 입증하는 것은 매우 중요하다.

광고 효과 측정 방식은 정형화되어 있지 않으며, 다양한 지표가 활용된다. 이때 AI는 방대한 데이터를 빠르게 처리해 이러한 지표를 효과적으로 분석하고, 실시간으로 피드백을 제공하는 데 유리하다. 대표적인 지표로는 클릭률(CTR, Click-Through Rate), 전환율(CVR, Conversion rate), 매출액, 광고 비용 대비 수익률(ROAS, Return On Ad Spend) 등이 있다. 클릭률은 광고가 노출된 횟수 대비 얼마나 많은 사용자가 해당 광고를 클릭했는지를 나타내는 지표로, 광고의 주목도와 반응도를 확인하는 데 사용된다. 전환율은 클릭 이후 실제 구매나 회원 가입 등 원하는 행동으로 이어진 비율을 의미하며, 광고 콘텐츠와 랜딩 페이지의 설득력을 진단하는 데 활용된다. 매출액과 수익률은 직접적인 수익성과 효율성을 판단하는 지표로, 광고비 지출이 적절했는지를 평가하는 기준이 된다. 이러한 지표는 상호 연계되어 광고의 문제점을 진단하고 개선 방향을 제시하는 데 활용된다. 예컨대 클릭률은 높지만 전환율이 낮다면, 랜딩 페이지나 제품 설명에 문제가 있을 가능성이 높다. AI는 이 같은 상관관계를 실시간으로 분석해 빠른 수정과 전략 조정을 가능하게 한다.

광고 효과 분석은 수많은 데이터를 종합적으로 고려해야 하기 때문에, 사람이 수작업으로 처리하기에는 시간과 비용이 많이 들고, 주관이 개입될 가능성도 있다. 반면 AI는 데이터 기반의 객관적 분석이 가능하며, 광고 성과 진단과 향후 전략 수립에 유용한 통찰을 제공한다.

현재 AI는 광고 기획과 제작에서 주로 활용되고 있지만, 광고 효과 분석 영역에서도 그 필요성과 활용 범위가 점점 확대되고 있다. 이는 광고 전 과정을 데이터 기반으로 고도화하는 흐름과 맞물려 있으며, AI는 광고주와 대행사 모두에게 정밀하고 효율적인 의사 결정을 가능하게 하는 핵심 도구로 자리 잡고 있다.

방대한 데이터 처리

광고 기획부터 제작, 집행까지의 전 과정에서는 수많은

데이터가 생성된다. 이에는 소비자 행동, 매체 반응, 광고 성과 등 다양한 유형의 정보가 포함된다. 광고 효과를 제대로 분석하려면 이러한 데이터를 체계적이고 과학적으로 처리해야 한다.

사람이 직접 데이터를 분석할 수도 있지만, 데이터의 양이 방대할 경우 시간 소요가 크고, 정교한 패턴을 놓치거나 분석의 정확도가 떨어질 수 있다. 반면 AI는 고속 처리 능력과 높은 정확도를 기반으로 데이터를 분석하고, 그 과정에서 사람이 인지하지 못하는 인사이트를 도출할 수 있다. 광고 전반에 걸친 진행 과정을 통합적으로 분석함으로써, 성과의 원인을 밝히고 다음 전략 방향까지 제시할 수 있는 것이다.

오늘날 우리는 '정보의 홍수' 속에 살고 있다. 광고 효과 측정을 위한 데이터 역시 빠르게 누적되고 있으며, 복잡성과 양이 점점 증가하고 있다. 이런 환경에서는 AI가 마치 나침반처럼 작용할 수 있다. 광고의 성과를 빠르게 진단하고, 그 결과를 기반으로 다음 전략을 설계하는 데 필요한 방향성을 제공하기 때문이다.

실제 광고업계에서도 AI를 활용한 광고 효과 분석 플랫폼 구축 사례가 증가하고 있다. 국내에서는 LG유플러스가 AI 기반 분석 시스템을 도입해 자사 캠페인의 성과를 실시간으로 추적하고 있으며, 야놀자는 고객 반응 데이터를 AI로 분석해 마케팅 전략에 반영하고 있다(장세민, 2025.4.22). 해외에서는 넷플릭스가 대표적인 사례로, 사용자 데이터를 정밀하게 분석해 맞춤형 광고를 제공하고, 광고 노출 후 반응 데이터를 기반으로 성과를 측정하고 있다.

광고 효과 분석에서 AI는 단순히 도구를 넘어, 방대한 데이터를 다루는 데 최적화된 동반자라 할 수 있다. AI의 정교한 분석 능력은 효율적인 광고 전략 수립뿐 아니라, 시장 변화에 빠르게 대응하는 기민한 의사 결정을 가능하게 한다.

광고 캠페인 분석 및 최적화

AI는 광고 캠페인의 성과를 실시간으로 분석하고, 그 과정에서 발생하는 문제를 조기에 감지해 조정함으로써 광고 효과를 극대화하는 데 핵심적인 역할을 한다. 이는 광고 전략을 보다 정교하게 수립하게 하고, 예산의 효율성을 제고하며, 타깃 맞춤형 메시지를 더욱 정밀하게 전달할 수 있도록 한다.

AI 기반 캠페인 분석의 핵심은 단지 광고가 끝난 이후 성과를 평가하는 데 그치지 않는다. 오히려 광고가 집행

되는 도중에도 실시간 데이터 분석을 통해 성과를 지속적으로 점검하고, 잠재적인 문제 요인을 조기에 파악해 신속한 대응을 가능하게 하는 능동적 체계다. 예를 들어, 특정 시간대나 지역, 혹은 매체에서 광고 반응이 저조하게 나타나는 경우, AI는 이를 인지하고 노출 전략이나 크리에이티브(소재)를 조정함으로써 성과를 개선한다.

이러한 AI의 능력은 광고 전략 전반을 정적(Static)이 아닌 동적(Dynamic) 구조로 전환한다. 기존에는 캠페인 기획, 광고 집행, 분석이라는 일방적 흐름이었다면, AI를 도입한 이후에는 집행과 동시에 성과 분석 및 전략 수정이 반복되는 순환적 구조가 가능해지는 것이다. 이로 인해 기업은 예산을 효율적으로 운영할 수 있고, 빠르게 변화하는 소비자 반응에도 유연하게 대응할 수 있다.

예를 들어, 구글(Google)은 자사의 광고 플랫폼(Google Ads)에 AI 기반의 스마트 캠페인(Smart Campaigns) 기능을 탑재해, 소규모 사업자들도 자동화된 방식으로 타깃을 설정하고, 광고 문구와 예산 배분을 최적화할 수 있도록 지원하고 있다. 이는 실시간으로 광고 성과를 분석하고 자동으로 수정하는 대표적 사례다(Google Ads). 국내 사례로, 야놀자는 AI를 활용해 광고 집행 후 사용자 행동 데이터를 분석해, 특정 타깃 그룹에 적합한 상품 프로모션 방식으로 전략을 전환하는 등 AI 기반 캠페인 최적화를 실무에 적극 활용하고 있다.

전문가들은 이러한 변화가 광고의 본질을 바꾸고 있다고 지적한다. 딜로이트는 보고서를 통해, AI가 광고 캠페인을 단지 '성과 평가'의 대상에서 '성과 개선'의 도구로 변화시키고 있으며, 이는 광고 산업의 패러다임 전환을 가속화하고 있다고 평가하기도 했다(Deloitte, 2024).

참고문헌

박수빈(2024.6.3). LGU+ 'AI 탑재해 광고 성과 한눈에 파악'. AI타임스, https://www.aitimes.com/news/articleView.html?idxno=160245

장세민(2025.4.22). 구글 'AI 솔루션 활용해 국내 기업 광고·마케팅 효과 극대화'. AI타임스, https://www.aitimes.com/news/articleView.html?idxno=169843&utm_source=chatgpt.com

Deloitte(2024). Hyper-personalizing the customer experience using data and AI, https://www.deloitte.com/content/dam/Deloitte/ca/Documents/deloitte-analytics/ca-en-omnia-ai-marketing-pov-fin-jun24-aoda.pdf

Google Ads(n.d.). How Smart Campaigns Work, https://support.google.com/google-ads/answer/7652860?hl=en

08
AI로 만든 광고에 대한 수용자 인식

AI는 텍스트, 이미지, 영상, 음악 등 광고 제작 전반에 걸쳐 활용되고 있으며, 광고업계에서도 점차 그 비중이 커지고 있다. 그렇다면 수용자는 이러한 변화를 어떻게 받아들이고 있을까? AI가 만든 광고가 일상 속에서 자연스럽게 자리 잡아 가는 지금, 우리는 AI와 광고의 공존에 대해 어떤 인식을 가지고 있는지, 또 AI 광고에 대한 수용자의 인식과 반응은 어떤 양상을 보이는지 살펴본다.

AI와 한의학?

AI가 만든 광고에 대한 생각

현재 AI가 제작한 광고의 비율은 전체 광고 중 극히 일부에 불과하다. 이로 인해 'AI로 만든 광고'라는 점 자체가 수용자에게 신선한 자극으로 다가오며, 하나의 크리에이티브 요소로 활용되고 있다(나정희, 2024).

실제로, AI 광고에 대한 평가와 그 영향력을 분석한 연구에 따르면, 수용자들은 AI가 제작한 광고를 비교적 객관적으로 평가하며 일정 수준의 신뢰를 보이는 경향을 나타냈다. 특히 기술 수용도가 높은 혁신 수용 집단에서는 AI 광고에 대해 더욱 긍정적인 반응을 보였다(Wu & Wen, 2021). 또한, 새로운 자극을 추구하는 성향을 가진 사람들일수록 AI 광고를 흥미롭게 받아들이는 경향이 있다. 이들은 정보 처리 속도가 빠르고, 새로운 형식에 개방적인 태도를 보이며, 창의적이고 실험적인 광고 콘텐츠에 호감을 느끼는 경향이 강하다(Leone & D'Arienzo, 2000).

반면, 모든 수용자가 AI 광고에 긍정적인 반응을 보이는 것은 아니다. 일부는 AI가 제작한 광고가 인간의 섬세한 감정을 포착하거나 공감 능력을 갖추기 어렵다고 느낀다. 그 결과, 감성적 설득력이 부족하다고 평가하거나, 인간 중심의 '진정성'이 결여되어 있다고 인식할 수 있다(Lu et al., 2019). 이러한 인식은 AI가 만든 광고에 대한 거리감과 불신으로 이어질 수 있다. 따라서 AI가 광고 제작에 사용되었음을 드러내는 방식 또한 수용자의 성향과 신뢰 수준을 고려해 신중하게 접근할 필요가 있다.

광고업계에서는 AI 광고가 시청자에게 어색하게 느껴지지 않고, 몰입을 유도할 수 있는 방향으로 제작되어야 한다. 이를 위해 감성적 연결을 보완하거나, AI의 기술적 강점을 극대화하는 새로운 방식의 크리에이티브 전략이 요구된다. 이러한 고민은 최근 대중 사이에서 나타난 트렌드에서 해답의 실마리를 찾을 수 있다. 바로 특정 애니메이션 스타일로 사진을 변환하는 생성형 AI 서비스의 유행이다. 많은 사람들이 자신의 이미지를 변환해 카카오톡, 사회관계망서비스(SNS, Social Network Service) 등에서 활용하고, 주변인들과 공유하면서 AI 사용에 대한 심리적 장벽이 낮아졌다.

한 조사에 따르면 응답자의 58%가 이 기능을 사용한 경험이 있으며, 60대에서도 41.4%, 50대에서는 52.9%가 이를 이용했다(김해영, 김창숙, 2025). 이는 AI 기술이 전 세대에 걸쳐 자연스럽게 스며들고 있다는 증거이며, 감정적 친숙함을 형성할 수 있다는 가능성을 보여 준다. 이처럼, 일상의 친근한 경험에서 시작된 AI에 대한 긍정적 감정이 광고로까지 전이된다면, 지금이야말로 'AI로 만든 광고'를 본격적으로 수용자에게 어필할 수 있는 적기일지도 모른다. AI 광고는 단순히 기술적 완성도를 넘어서, 사람과 기술이 어떻게 감정적으로 연결될 수 있는지를 탐색하는 새로운 실험의 장이 되고 있다.

AI를 활용한 광고에 대한 수용자 생각

과거에는 광고 자체가 하나의 신선한 콘텐츠로 받아들여졌지만, 디지털 매체가 다양해지면서 수용자들은 점차 광고에 과도하게 노출되었다. 이로 인해 광고 자체를 회피하려는 행동, 즉 '광고 회피(ad avoidance)' 현상이 나타났다(Speck & Elliott, 1997). 이는 광고 효과를 저해하는 요인으로 작용하기 때문에, 광고 회피를 줄이는 전략이 광고 기획의 중요한 과제로 떠오르고 있다.

이러한 수용자 인식을 반영한 대표적 사례가 유튜브 프리미엄(YouTube Premium)으로, 광고 없이 콘텐츠를 제공함으로써, 사용자가 원하는 영상에 몰입할 수 있도록 돕는다. 특히 MZ세대는 광고를 피하기 위해 기꺼이 비용을 지불하는 경향을 보이는데, 이는 이들이 원하는 정보와 콘텐츠를 스스로 선택하고 통제하는 데 익숙하기 때문이다. 디지털 환경이 고도화될수록 이러한 맞춤성과 선택 중심의 소비 행동은 더욱 두드러진다. 무분별한 광고보다는, 자신의 관심과 필요에 맞는 정보를 제공하는 광고를 선호하게 되는 것이다(조영현, 2025.3.31).

AI 기반 맞춤형 광고는 이러한 변화에 부응한다. 최근 조사에 따르면, 수용자들은 'AI를 활용한 개인 맞춤형 커뮤니케이션과 제품 추천'을 긍정적으로 인식하고 있으며(평균 3.16점/5점 만점), '맞춤형 서비스가 의사결정을 편리하게 만든다'는 데에도 3.23점을 주었다. 향후 이러한 서비스를 계속 이용할 의향 역시 같은 수준으로 나타났다. 이는 AI 기반 광고가 개인의 경험을 향상하고, 정보 탐색의 부담을 줄여 준다는 점에서 긍정적으로 받아들여지고 있음을 보여 준다.

결국 AI를 활용한 광고는 수용자에게 불필요한 정보 대신, 실제로 도움이 되는 맞춤형 정보를 제공할 수 있다는 점에서 주목된다. 물론 초기에는 AI가 인간 대신 광고를 제작하고, 개인 데이터를 수집・활용하는 것에 대해 불편함이나 거부감을 느끼는 수용자도 있었다. 검색했던 제품이 다른 플랫폼에서 재노출될 때, 감시당한다는 느낌을 받기도 했을 것이다. 하지만 점차 AI 기술이 일상에 녹아들고, 그 편의성과 유용성이 드러나면서, 이런 인식도 변화하고 있다.

AI가 수용자의 취향과 관심을 정확하게 읽고, 불편하지 않은 방식으로 정보를 제공할 수 있다면, 광고는 단순한 설득이 아닌 유용한 서비스로 인식될 수 있다. 결국 AI를 활용한 광고는 수용자의 삶을 더 편리하게 만들고, 광고 자체의 효율성도 높이는 방향으로 진화하고 있다.

참고문헌

김해영·김창숙(2025.4.30). 지브리 스타일, 생성형 AI에 대한 인식을 바꾸다. ≪Media Survey≫, 11(2).

나정희(2024). '이 광고는 사실 AI가 만들었습니다.': 인공지능 제작의 공개 여부와 제품 관여도에 따른 광고효과. ≪광고연구≫, 142, 266-296쪽.

메조미디어(2023). 생성형 AI에 대한 소비자 인식 조사, https://cjmezzomedia.com/data/insight_m_file/insight_m_file_1642.pdf

유튜브 프리미엄, https://www.youtube.com/premium?ybp=Sg0IBhIJdW5saW1pdGVk4AEB

조영현(2025.3.31). Z세대, 광고를 넘긴다… '애드블로킹 세대'를 위한 브랜드 전략은 따로 있다. 소비자 평가, http://www.iconsumer.or.kr/news/articleView.html?idxno=27605

Leone, C. & D'Arienzo, J.(2000). Sensation-seeking and differentially arousing television commercials. *The journal of social psychology,* 140, pp.710-720, https://pubmed.ncbi.nlm.nih.gov/11195722/

Luo, X., et al.(2019.9.20). Machines versus humans: The impact of AIi chatbot disclosure on customer purchases. *Nanyang business school research paper,* 20(33), pp.1–30, https://pubsonline.informs.org/doi/10.1287/mksc.2019.1192

Speck, P. S. & Elliott, M. T.(1997). Predictors of advertising avoidance in print and broadcast media. *Journal of Advertising,* 26(3), pp.61–76, https://psycnet.apa.org/record/1997-38903-005

Wu, L. & Wen, T.(2021). Understanding AI advertising from the consumer perspective: What factors determine consumers' appreciation of AI-created advertisements? *Journal of advertising research,* 61(2), pp.133–146, https://thearf.org/access-knowledge-2/publications/journal-of-advertising-research/understanding-ai-advertising-from-the-consumer-perspective-what-factors-determine-consumers-appreciation-of-ai-created-advertisements/

09
AI와 공존하는 광고의 미래

AI의 도입은 광고 산업에 큰 변화를 불러오고 있으며, 앞으로도 그 영향력은 더욱 커질 것이다. 이제는 단순한 도입을 넘어, AI와 광고가 어떻게 조화롭게 공존하며 발전할 수 있을지를 고민해야 할 시점이다. 이를 위해 우리는 AI 활용의 방향성과 한계를 점검하고, 공존을 위한 윤리적 · 사회적 고려 사항에 대한 논의가 필요하다.

AI와 화장품?

AI와 광고의 공존이 초래하는 윤리적 문제

AI는 일상과 업무 전반에서 창의성과 효율성을 높이는 도구로 자리 잡았지만, 그 이면에는 다양한 윤리적 문제가 존재한다(이기항 외, 2024). 대표적인 문제는 '정보의 진위'에 대한 혼란이다. AI가 생성한 콘텐츠가 사실과 다를 경우, 수용자에게 왜곡된 인식을 심어 줄 수 있으며, 그중에서도 딥페이크(Deepfake) 기술이 가장 우려되는 사례다.

딥페이크는 실제 존재하지 않는 인물의 말이나 행동을 조작해 구현하는 기술로, 초기에는 유희적 목적이 강했지만 광고 분야에서도 비용 절감과 차별화를 위한 수단으로 사용되었다. 그러나 최근 들어 무단 도용 및 오용 사례가 늘고 있다. 예를 들어, 러시아 통신사 '메가폰'과 미국 부동산 스타트업 '리알파테크'는 일론 머스크의 얼굴을 무단으로 합성해 광고에 활용했고, 이에 대해 법적 논란이 이어졌다(신송희, 2022.10.30).

또한, 최근 광고 산업에서 AI로 제작된 '가상 인플루언서'의 활용이 증가하고 있다. 이들은 AI로 생성된 인물로, 브랜드 인지도를 높이고 리스크를 줄일 수 있다는 장점이 있다. 국내에서는 신한라이프가 '로지'를 선보였으며, 프라다, 이케아 등 해외 브랜드도 적극 도입 중이다(한지영, 2024.9.5; 고영 · 강제원, 2024). 미국의 가상 인플루언서 릴 미켈라(Lil Miquela)는 2025년 기준 244.7만 명의 팔로어를 보유하며, 다양한 브랜드와 협업하고 있다.

광고인의 입장에서 AI 기반 가상 인플루언서는 제작 시간과 비용을 줄이고, 다양한 언어와 문화권에 맞춘 글로벌 확산에도 유리한 도구로 인식된다(메조미디어, 2024). 그러나 수용자 전부가 이를 긍정적으로 받아들이는 것은 아니다. 일부는 이러한 가상의 존재에 대해 감정적 거부감을 느끼거나, 사람처럼 보이지만 실제 사람이 아님을 인식했을 때 불쾌감을 경험할 수 있다(유은아 · 최지은, 2025). 이는 인간과 유사한 존재에 대한 본능적 거부 반응, 즉 '불쾌한 골짜기(Uncanny Valley)' 현상과도 관련이 있다.

더욱 심각한 문제는, AI가 만든 콘텐츠를 일부 수용자는 정확하게 인지하고 비판적으로 바라보는 반면, 일부는 그대로 신뢰하고 받아들인다는 점이다(김활빈 · 박민아, 2024). 이로 인해 잘못된 정보가 사실처럼 받아들여질 위험이 있으며, 가상 존재가 인간 사회의 영역으로 과도하게 침투할 경우, 윤리적 기준을 위협할 수 있다.

현재 AI와 광고의 결합으로 인한 윤리적 문제를 명확히 규정하고 제어할 법적 기준은 아직 미비하다. 규제의 부재는 문제가 발생해도 대응이 어려운 구조를 만들고 있으며, 이는 장기적으로 기업에 대한 신뢰 저하로 이어질 수 있다. 특히 수용자에게 혼란이나 불쾌감을 주는 광고는 브랜드 이미지와 캠페인 성과에 부정적 영향을 미치며, 광고 전반의 효과성을 저해할 수 있다. 따라서 광고에 AI를 도입하는 과정에서는 창의성과 효율성뿐 아니라 윤리적 기준과 수용자의 정서적 수용성까지 함께 고려되어야 한다. 이는 기업의 지속 가능성과 브랜드 신뢰를 위한 핵심 요소가 될 것이다.

AI와 광고의 공존으로 발생되는 저작권 문제

현행 「저작권법」은 저작물을 "인간의 사상 또는 감정을 표현한 창작물"로 정의한다. 이 기준에 따르면, AI가 단독으로 생성한 콘텐츠는 저작물로 간주되지 않으며, 따라서 저작권 보호 대상이 아니다. 즉, 인간이 창작 과정에 실질적으로 기여한 경우에만 그 부분에 대해 저작권이 인정된다(박명순 · 김현경, 2024).

그러나 AI 기술이 급속히 발전하고, 창작 과정 전반에 활용되면서 이러한 법적 기준이 여전히 유효한지에 대한 논의가 필요해졌다. 어느 정도의 인간 개입이 있어야 저작권이 인정되는지, 또는 AI가 생성한 콘텐츠 유형에 따라 보호 범위를 달리해야 하는지 등 다양한 쟁점이 부상하고 있다.

실제로 AI를 둘러싼 저작권 분쟁은 광고뿐 아니라 여러 분야에서 증가하고 있다. 2024년 4월, 데일리뉴스를 포함한 미국 주요 언론사 8곳은 마이크로소프트와 오픈AI를 상대로 "수백만 건의 뉴스 기사를 무단 활용해 AI를 개발하고 상업적 이익을 취했다"며 소송을 제기했다(한국저작권위원회, 2024). 세계 최대 이미지 플랫폼인 게티 이미지(Getty Images)도 2023년, 영국 AI 기업을 상대로 "무단 이미지 학습"에 대한 저작권 침해 소송을 제기한 바 있다(권경은, 2023.5.22).

AI 기반 광고 제작은 제작비 절감과 시간 효율 측면에서 큰 장점이 있지만, 저작권 문제가 발생하면 법적 위험과 비용이 증가해 오히려 AI 활용의 이점이 줄어들 수 있다. 특히 AI는 학습을 위해 대규모 데이터를 필요로 하는데, 이 과정에서 무단 자료 사용이 저작권 침해로 이어질 수 있다. 이에 따라 광고 제작 과정에서 계약 검토와 저작권 리스크 관리의 중요성도 커지고 있다.

핵심은 AI가 생성한 결과물의 저작권이 누구에게 귀속되는가, 그리고 AI가 학습한 데이터에 대한 권리는 누구에게 있는가다. 이에 대해 각국의 입장은 상이하다.

미국 저작권청(US Copyright Office)은 "AI가 독립적으로 생성한 콘텐츠에는 저작권을 인정하지 않는다"는 방침을 밝히고 있다. 반면, 영국과 유럽연합(EU)은 일정 조건하에서 AI 생성물에 대한 저작권을 인정하는 방향으로 논의를 이어 가고 있다(손영화, 2024).

국내에서도 이에 대한 논의는 지속되고 있으나, 아직 명확한 규정이나 판례는 부족하다. 이로 인해 AI 생성물의 법적 지위는 모호하며, 광고 제작 현장에서 혼란이 발생할 여지가 크다. 따라서 향후에는 AI 생성물의 저작권 기준을 명확히 정립하고, 침해 여부를 객관적으로 판단할 수 있는 공정한 기준과 절차 마련이 시급하다. 이는 광고 산업뿐 아니라 창작 전반에서 AI 활용의 지속 가능성을 확보하기 위한 필수 조건이 될 것이다.

참고문헌

고영·강제원(2024).
가상인플루언서의특성들이구전의도에미치는영향에관한탐색적연구: 구전소통의과정을중심으로.
≪사이버커뮤니케이션학보≫, 41(1), 5-48.

권경은(2023.5.22). 생성형 AI 활용해 만든 광고·마케팅, 저작권은 보호받을 수 있을까?. 브랜드브리프, https://www.brandbrief.co.kr/news/articleView.html?idxno=6005

김활빈·박민아(2024.3). 생성형 AI 기술이 바꾸는 광고 PR의 현재와 미래: 전문가 인터뷰를 통해 본 시사점. ≪광고연구≫, 140, 118~148쪽, https://www.dbpia.co.kr/journal/articleDetail?nodeId=NODE11750969

메조미디어(2024). 2025 MEZZOMEDIA TREND REPORT, https://cjmezzomedia.com/data/insight_m_file/insight_m_file_1727.pdf

박명순·김현경(2024). 인공지능(AI) 생성물의 저작권 침해 판단기준의 한계와 개선과제: AI 오디오 생성물을 중심으로. ≪선진상사법률연구≫, 106, 149-182쪽, https://www.kci.go.kr/kciportal/ci/sereArticleSearch/ciSereArtiView.kci?sereArticleSearchBean.artiId=ART003079017

손영화(2024). 생성형 AI에 의한 창작물과 저작권. 한국행정연구원. K-Story, 171, 30-33쪽.

신송희(2022.10.30). [Pick] 나도 모르는 사이, 내 얼굴이 광고에 나왔다면?. SBS NEWS, https://news.sbs.co.kr/news/endPage.do?news_id=N1006949907&plink=COPYPASTE&cooper=SBSNEWSEND

유은아·최지은(2025). '아직도 내가 불쾌한가요?' 가상 인플루언서에 대한 불쾌감이 소비자 반응에 미치는 영향: 인플루언서의 스테레오타입과 제품 유형의 조절효과를 중심으로. ≪광고연구≫, 144, 5-34쪽, https://www.dbpia.co.kr/journal/articleDetail?nodeId=NODE12138005

이기항 외(2024). 생성형 AI 광고에 관한 뉴스 빅데이터 분석 연구. ≪광고학연구≫, 35(5), 39-67쪽, https://www.kci.go.kr/kciportal/ci/sereArticleSearch/ciSereArtiView.kci?sereArticleSearchBean.artiId=ART003132012

최성철(2024.9.9). 딥페이크란 무엇이고, 기업에 어떤 영향을 미치는가?. 삼성SDS, https://www.samsungsds.com/kr/insights/what-is-a-deepfake.html

한국저작원위원회(2024.6.2). 엔터테인먼트·미디어산업에서의 AI 저작권분쟁동향. ≪저작권이슈트렌드≫, 30.

한지영(2024.9.5). [DBR 인사이트] AI 가상 인플루언서의 광고 효과 높이는 법. ≪동아일보≫, https://www.donga.com/news/Opinion/article/all/20240905/126874467/2

10
AI와 공존하는 미래를 바라보는 우리의 시선

AI는 이제 일상은 물론 업무 전반에서도 활발히 활용되고 있으며, 광고 분야에서도 그 영향력이 점점 커지고 있다. 광고의 미래를 변화시키는 중심에 선 AI를 마주한 지금, 우리는 어떤 시선을 가져야 할까? 광고인의 관점에서, AI와의 공존 속에서 어떻게 대응하고 이를 긍정적인 방향으로 이끌어갈 수 있을지 고민해 볼 필요가 있다.

종교와 AI?

AI를 도구로서 활용하는 능력

AI가 인간의 영역을 대체할 것이라는 불안은 꾸준히 제기되고 있다. 특히 창의성을 핵심으로 하는 광고 분야에서도 AI의 영향력이 점점 커지면서, 이러한 불안감은 더욱 증폭되고 있다(유승철, 2023). 그러나 이러한 기술의 발전을 두려워하기보다는, AI를 어떻게 활용해 나의 업무 효율성과 창의적 역량을 높일 수 있을지를 고민해야 한다.

이를 위해서는 광고인이 가진 창의적 감각과 AI가 제공하는 자동화 · 분석 능력을 어떻게 조화시킬 것인지가 핵심이다. AI는 어디까지나 보조 도구일 뿐이며, 광고인의 전문성과 통찰이 더해져야 진정한 시너지를 발휘할 수 있다. 예를 들어, 시간과 노동이 많이 소요되는 브레인스토밍, 자료 조사, 문구 생성 등의 작업은 AI에게 맡기고, 광고인은 그 결과물을 분석해 전략적 방향성과 메시지의 적합성을 판단하는 식이다.

또한, AI를 효과적으로 활용하기 위해서는 기술에 대한 이해와 실습이 뒷받침되어야 한다. 단순히 정보 검색에 활용하는 수준을 넘어, 다양한 광고 실무에 적용할 수 있는 실용적 스킬을 습득해야 한다. 이는 광고인을 비롯한 콘텐츠 제작자들이 경쟁력을 유지하는 데 핵심적인 요소가 될 것이다.

특히 생성형 AI의 경우, '어떤 질문을 하느냐'가 결과의 질을 결정한다. 원하는 결과물을 빠르고 정확하게 얻기 위해서는 질문을 구성하는 역량, 즉 프롬프트 작성 능력이 필수적이다(양지훈 · 윤상혁, 2023). 앞으로 AI와 함께 일해야 할 시대에, 이러한 실용적 역량은 선택이 아닌 필수다.

중요한 것은 AI가 사람을 대체하는 존재가 아니라 광고인의 창의성과 전략을 뒷받침하는 '도구'로 기능하게 하는 것이다. 변화에 적절히 반응하고 주도적으로 기술을 활용할 수 있다면, AI는 위협이 아니라 기회의 매개체가 될 것이다.

AI가 발견하지 못하는 인사이트를 찾는 능력

대다수의 수용자는 광고를 '상업적인 메시지'로 인식한다. 이로 인해 광고에 대한 회피 반응이 발생하고, 광고 자체에 진정성이 없으며 신뢰할 수 없다고 느끼는 경우도 많다. AI는 광고 전반의 효율성을 높이고 비용을 절감하며, 캠페인을 정교하게 만드는 데는 뛰어난 성과를 보여 준다. 그러나 사람마다 다른 개인적이고 암묵적인 감정, 즉 '정서적인 반응'까지 정밀하게 파악하기엔 여전히 한계가 있다.

이러한 이유로, 광고인은 소비자의 감정을 이해하고 공감할 수 있는 스토리를 만들어야 한다(유승철, 2023). 단순히 데이터를 분석하는 것이 아니라, 사람의 감성을 읽고 전달하는 능력이 필요한 것이다. 특히, AI에 대한 불신이나 거부감을 지닌 수용자를 자연스럽게 설득하기 위해서는 객관적 정보보다는 감정에 기반한 접근 전략이 더욱 효과적일 수 있다. 또한 AI를 광고에 도입할 때 따라오는 윤리적 · 법적 문제(저작권, 개인정보보호, 결과물의 진정성 문제 등)에 대한 대응책도 필요하다. AI가 이러한 문제를 완전히 해결하지 못하는 상황에서, 광고인은 기술의 한계를 인지하고 이를 보완할 수 있는 전략을 마련해야 한다.

이러한 AI의 한계를 창의적으로 극복한 사례로는 빙그레의 공익 캠페인을 들 수 있다. 빙그레는 2023년부터 '세상에서 가장 늦은 졸업식'과 '처음 입은 광복'이라는 감동적인 캠페인을 통해, AI 기술을 공익적으로 활용하는 방안을 제시했다. 예를 들어, '세상에서 가장 늦은 졸업식'은 국가보훈부와 협력해 독립운동으로 학업을 포기한 애국지사들을 기리는 프로젝트로, AI를 통해 고인의 얼굴을 복원했다(김승현, 2023.8.16). '처음 입는 광복' 캠페인에서는 순국한 독립운동가의 마지막 수형 사진을 AI를 활용해 한복을 입은 모습으로 재현한 영상을 공개했다(오희나, 2024.8.2).

이처럼 AI는 상업적 광고 외에도 사회적 가치 실현에 활용될 수 있으며, 이러한 시도는 브랜드 이미지 제고에도 긍정적인 효과를 줄 수 있다. 즉, 광고는 단순한 상품 홍보를 넘어 사회와 감정을 연결하는 매개체로 확장될 수 있고, AI도 그 과정에 기여할 수 있는 도구가 될 수 있다.

그러나 AI는 기존의 학습 데이터를 기반으로 결과를 생성하기 때문에, 전례가 없는 신제품이나 새로운 감성적 메시지를 전달하는 데에는 한계가 존재한다. 예를 들어, 소비자의 미묘한 심리를 반영한 고차원적인 감성 카피를 만드는 일은 여전히 인간 광고인의 영역이다. 결국, 광고인은 AI가 넘지 못하는 경계에서 새로운 인사이트를 발견하고, 창의성과 공감의 힘으로 사람들의 마음을 움직여야 한다. 기술을 활용하되, 기술이 대신할 수 없는 사람의 감각과 직관이 광고의 진정한 경쟁력이 되는 시대가 도래한 것이다.

변화하는 환경에 적응하는 능력

AI가 효과적인 결과물을 만들어 내기 위해서는 방대한 양의 데이터가 필수적이다. AI는 이러한 데이터를 기반으로 학습하고, 광고 기획과 집행에서 효율성과 정밀도를 높인 결과물을 도출한다. 그렇다면 광고인은 무엇을 해야 할까?

가장 중요한 것은 AI의 결과물을 비판적으로 검토하고, 오류나 한계를 식별할 수 있는 능력이다. AI가 생성한 결과물은 완성된 정답이 아니라, 그 자체로 검토와 수정의 대상이다. 이를 위해 광고인은 데이터를 읽고 해석하며, AI의 판단이 타당한지를 평가할 수 있는 분석력을 갖춰야 한다(유승철, 2023).

또한, AI가 항상 광고인보다 뛰어난 결과물을 낸다는 전제는 경계할 필요가 있다. AI는 유용한 도구지만, 사람의 감각과 판단, 맥락적 이해가 결합될 때 더욱 강력한 시너지를 발휘한다. 즉, 광고인은 AI가 만든 결과물이 광고의 목적과 맥락에 적합한지를 평가하고, 필요하다면 창의적인 '사람의 '터치'를 더해 더 나은 결과로 발전시켜야 한다.

변화하는 환경에서 광고인이 해야 할 일은 단순히 AI를 따르는 것이 아니다. AI의 능력을 이해하고, 그것이 놓치거나 잘못 판단한 부분을 채워 넣는 통찰을 갖추는 것, 그것이 진정한 경쟁력이다. AI가 만든 결과물에 의문을 제기하고 개선해 나가는 태도는, 광고를 보다 인간 중심적으로 만들어 가려는 노력의 시작점이기도 하다.

앞서 나가기 위한 용기

사람 중심의 산업인 광고 분야에 AI가 도입된다는 것은 단순히 광고인 개인의 변화만이 아니라, 광고업계 전반의 인식 전환과 실천이 요구되는 일이다. AI는 아직 어렵고 낯선 기술일 수 있다. 도입에는 시간과 비용이 들고, 실행을 주저하게 될 수도 있다. 그러나 지금은 두려움보다 용기를 가져야 할 때다. 작게라도 시도해 보고, 직접 부딪히며 활용 가능성을 모색하는 자세가 필요하다.

디지털 미디어랩 메조미디어가 실시한 조사에 따르면, 생성형 AI가 가장 활발하게 사용되는 분야는 '마케팅 · 세일즈'로 나타났다(메조미디어, 2024). 이는 전 세계 기업 종사자를 대상으로 한 조사이지만, 다른 분야(제품 개발, IT, 인사 관리 등)보다 광고 · 마케팅 영역에서 AI의 활용도가 높게 나타난 점은 시사하는 바가 크다. 광고업계도 이제는 AI의 도입과 활용을 두려워할 때가 아니라, 구체적으로 실행할 때라는 의미다.

실천은 어렵지 않다. 처음부터 모든 영역을 바꾸려 하지 말고, 작은 시도에서 출발할 수 있다. 예를 들어, AI를 활용해 광고 관련 데이터를 수집하고 정리하거나, 기초적인 카피를 생성해 보는 것부터 시작할 수 있다. 이처럼 작은 업무 단위에서의 AI 활용 경험은 자연스럽게 더 큰 영역으로 확장될 수 있다.

기업 역시 실질적인 AI 활용 결과를 확인하고 나면, 점차 광고 전략 전반에 AI를 통합할 수 있다. 예산 집행을 실시간으로 분석하고 조정하거나, 광고 성과 데이터를 기반으로 리스크를 사전에 감지하고 전략을 수정하는 일도 가능해진다(최영호, 2024.11.24). 광고인은 이러한 과정을 실시간으로 모니터링하고, AI가 자신의 전략에 맞춰 잘 작동하고 있는지를 판단하며 더 정교하게 고도화하는 역할을 하게 될 것이다.

결국 앞서 나가기 위한 용기란, 완벽한 준비가 아닌 작은 실행에서부터 출발하는 실천력이다. AI는 광고인을 대체하는 것이 아니라, 더 나은 방향으로 함께 진화해 나갈 수 있는 도구이자 파트너다.

참고문헌

김승현(2023.8.16). 100년이 지나서야… '세상에서 가장 늦은

졸업식'. ≪조선일보≫,
https://www.chosun.com/national/national_general/2023/08/16/QGSATPAMABCAPGO6FEDFHFGGX4/

메조미디어(2024). 2025 MEZZOMEDIA TREND REPORT,
https://cjmezzomedia.com/data/insight_m_file/insight_m_file_1727.pdf

양지훈·윤상혁(2023). ChatGPT를 넘어 생성형(Generative) AI 시대로 : 미디어·콘텐츠 생성형 AI 서비스 사례와 경쟁력 확보 방안. Media Issue & Trend, 55,
https://www.kca.kr/Media_Issue_Trend/vol55/KCA55_22_domestic.html

오희나(2024.8.2). 빙그레, '처음 입는 광복' 독립운동 캠페인… AI기술로 복원. 이데일리,
https://www.edaily.co.kr/News/Read?newsId=01715446638983384

유승철(2023). '생성형 AI 시대의 마케팅' 어디로 가는가?. ≪KAA 진단≫,
https://www.kaa.or.kr/k/mag/2023/03_04/KAA_journal_2023_03-04_30.pdf

최영호(2024.11.24). 기업의 73%, 마케팅 전반에 걸쳐 생성형 AI를 포함한 AI 도입… 그러나 52%만 비즈니스 가치 달성. MADTIMES,
https://www.madtimes.org/news/articleView.html?idxno=22341

변혜민

한국방송광고진흥공사 미디어광고연구소 연구위원이다. 한양대학교에서 박사학위를 받았다. 디지털 광고, 미디어 효과와 OOH(옥외 광고), AI 등 이용자 분석을 중심으로 연구하고 있다. 조달청, 데이터산업진흥원, 신용보증재단, 한국지능정보사회진흥원, 경기콘텐츠진흥원의 자문위원과 경기도청, 서울 중구청 등에서 옥외광고 심의위원으로 활동하고 있다. 주요 연구로는 "AI의 침습, 광고 프로세스와 산업에 미치는 영향에 대한 탐색적 접근"(2025), "옥외광고물 자유표시구역의 가치와 방향성에 관한 연구"(2025), "광고기반 OTT와 FAST서비스가 광고 시장에 미치는 영향에 대한 탐색적 연구"(2025), "수용자의 사회적 비교 성향이 TV 간접광고 효과에 미치는 영향"(2024) 등 AI, OOH, 방송, OTT 등 다양한 광고·미디어 분야 논문을 등재학술지에 게재했다.